부모와 아이가
함께하는
 독서놀이

머리말

2005년 12월 두려움과 설렘을 안고 아이들을 만났을 때가 생각납니다. 그저 책을 좋아해서 시작한 일이였지만 지금도 아이들과의 만남은 매 순간 판타지에 가까울 정도로 신기한 경험입니다. 지금까지 제가 독서토론 논술 수업을 해올 수 있었던 가장 큰 힘도 늘 새로움이 아닐까 싶습니다.

첫 수업. 1학년 다섯명의 아이들이 딱다구리처럼 제 심장을 두드렸던 게 엊그제처럼 생생합니다. 저는 그 당시 아이들의 말은 하나도 알아들을 수 없을 정도로 혼이 나가 있었습니다. 정신을 차려보니 아이들은 저를 빤히 보고 있더군요. 자신들의 할 말이 끝났으니 제가 수업을 해도 된다는 눈빛이었습니다. 나중에 그 아이들과 수업을 하면서 한 아이가 제게 그런 말을 해주었습니다. 선생님이 우리들 말을 끊지 않고 끝까지 들어 주어서 기분이 너무 좋았다고 말이죠. 사실 전 한 게 아무것도 없었는데 오히려 아이들은 자신들이 존중 받았다고 생각했던 것입니다.

지금도 수업을 할 때마다 아이들에게 참 많은 것을 배웁니다. 우리 어른들은 아이들을 기다려 줘야 한다는 것을 가끔씩 잊어 버릴 때가 많습니다. 기다림은 인내가 필요한 일이지만 그 결과는 언제나 만족스럽습니다. 저 또한 처음부터 아이들을 기다려 주는 것이 쉬웠던 것은 아닙니다. 성장해나갈 아이들을 볼 때마다 무거운 책임감을 느끼게 됩니다. 이 수업이 그 모든 과정을 보람

있게 할 수 있도록 저한테 용기를 주어서 감사하게도 지금까지 할 수 있었습니다.

지금도 많은 아이들과 부모님들을 만납니다. 책 읽기가 안 된다거나 오로지 글쓰기만을 강요하시는 분들이 하소연을 많이 합니다. 아이들은 신나고 재미있는 일이라고 생각하면 놀이처럼 즐겁게 따라오지만 그 과정을 강요해 버리면 아이들은 금방 흥미를 잃어버리지요. 독서 또한 다른 교육과 마찬가지로 기다림과 칭찬이 같이 할 때 좋은 결과를 얻을 수 있습니다.
많은 부모님들이 우리 아이의 장점을 보고 잘 할 수 있는 것, 좋아하는 것을 찾도록 도와 주시면 좋겠습니다. 독서는 숙제가 아닙니다. 삶의 일부분이 되어 우리 아이들이 성장하고 어른이 되었을때 지혜를 발휘 하게 하는 힘입니다. 조급함을 버리고 지금부터라도 하나씩 꾸준히 해 나간다면 분명히 행복한 미래 인재로 커나갈 것입니다. 이 책이 독서 때문에 많은 어려움을 겪는 아이들에게, 삶의 유산을 남겨 주고 싶은 부모님들에게 작게나마 도움이 되길 바래 봅니다.

아이들을 생각하며,
저자 올림

CONTENTS

머리말 2

1장
책읽기 : 책에 대해 알아가는 단계 (7세 ~ 초등 2학년)

01 우리 아이는 뭘 좋아할까? 8
02 독서를 하면 어휘력이 좋아질까? 17
03 어떻게 하면 책을 좋아하게 될까? 25
04 권장도서, 우리 아이와 잘 맞을까? 34
05 책꽂이 정리는 어떻게 해야 할까? ① 분류하기 40
06 책꽂이 정리는 어떻게 해야 할까? ② 책 골라내기 45
07 책꽂이 정리는 어떻게 해야 할까? ③ 책 버리기 50
08 왜 소리내서 책을 읽어야 할까? 54
09 우리 아이는 왜 이상한 질문만 할까요? 60
10 우리 아이는 독서를 해도, 왜 어휘력이 늘지 않을까? 67

2장
책읽기 : 책과 대화하는 단계 (초등 3학년 ~ 6학년)

01 페이지를 끊어 읽어라! 74
02 상상력을 키우는 독서를 하자! 81
03 호기심을 자극하라! 86
04 가족 독서 모임부터 시작하자! 92
05 이야기와 대화에 대한 즐거움을 찾아라! 97
06 친구들과 함께하는 소규모 독서 모임에 참여하라! 102
07 눈으로 보고 경험하는, 독서를 체험하라! 106
08 책과 대화하게 하라! 112
09 아이의 독서 공간을 점검하라! 117
10 독서 집중력을 높여라! 122

3장
토론하기 : 생각 넓히기 (초등 전 학년)

01 우리 아이는 왜 발표를 못할까? 132
02 토론을 잘하려면? 138
03 아이의 사고력을 높여라! 145
04 토론이 어렵다면? 150
05 독서가 학교 성적에 정말 도움이 될까요? 155
06 어휘력을 높여라! 159
07 주제를 확장시켜라! 167

4장
글쓰기 : 생각 표현하기 (초등 전 학년)

01 어떻게 하면 글쓰기를 잘 할수 있을까요? 174
02 글쓰기를 왜 어려워 할까요? 179
03 다양한 글 종류와 구조 익히기! 183
04 자신감을 키워주는 글쓰기! 190
05 글쓰기엔 정답이 없다! 196
06 글쓰기 노트 쪼개기는 어떻게 할까요? 203
07 좋은 글쓰기를 하려면? 207

부록
책과 친해지는 놀이

놀이 단어 빙고게임 214
놀이 주인공 살려 읽기 215
놀이 인물 특징 정리하기 216
놀이 단답형 문제 내기 217
놀이 끝말 잇기 218
놀이 주인공의 성격을 단어로 풀어보기 219
놀이 집중력 키우기 놀이 220
놀이 시간 안에 단어 찾기 221
놀이 초성으로 책 제목 맞추기 222
놀이 반대말과, 비슷한말 찾아보기 223
놀이 위인 마인드맵 224
놀이 주인공과 나의 공통점과 차이점 찾아보기 225
놀이 말 풍선 달아보기 226

1장

책읽기

: 책에 대해 알아가는 단계
(7세 ~ 초등 2학년)

01
우리 아이는 뭘 좋아할까?

"어렸을 때 우리 아이는 스스로 책을 많이 읽었는데
요즘은 좋아하는 책만 읽고 다른 책은 멀리해서 걱정이에요."

상담을 하러 아이의 집을 방문했을 때 부모님로부터 가장 많이 받는 질문입니다. 두번째는 "우리 아이는 독서에 흥미가 없어요. 어떻게 해야 할까요?" 라는 질문입니다. 대부분의 부모님들이 가지고 있는 공통된 고민이라고 할 수 있죠. 이런 질문을 던지는 부모님들에게 가장 드리고 싶은 대답은 우선 아이의 눈높이에서 관심사를 파악하라는 것입니다. 아이에게 어떤 책을 추천하면 좋을지, 어떻게 하면 책에 흥미를 느끼게 할 수 있을지를 알려면 무엇보다 아이의 관심사를 아는 것이 중요하기 때문이죠. 처음에 아이들은 그저 칭찬받기 위해 책을 열심히 읽기도 합니다. 하지만 책 읽는 것이 당연한 일이 되면 부모님들은 아이에게 그냥 맡겨 버리게 됩니다. 그 사이 아이들은 부모님의 관심 밖으로 밀려나서 책에 대한 흥미보다 새로운 것에 빠져 책을 멀리하게 됩니다.

　보다 쉽게 이야기 하자면 아이가 어떤 생각을 하고 있는지부터 먼저 알아야 한다는 뜻입니다. 그렇다면 어떻게 아이의 생각을 알 수 있을까요? 답은 간단 합니다. 아이가 하는 말을 주의 깊게 잘 들어 주는 것이 그 시작입니다.

출처 : 주니어 플라톤 참고

　독서를 본격적으로 시작하게 되는 7세 즈음의 아이들은 자신이 생각나는 대로 하고 싶은 이야기를 합니다. 문제는 대부분의 부모님들이 아이의 말을 무시하거나 흘려버린다는 것입니다. 그래서 부모님은 아이의 생각을 제대로 파악하지 못하고 책에 대한 아이의 호기심은 점점 사라지게 됩니다. 우리나라 대부분의 아이들이 학년이 올라갈수록 독서에 흥미를 잃게 되는 가장 결정적 이유이기도 합니다.

　저자가 처음 토론 수업을 시작했을 때 지도했던 아이들은 1학년 다섯명이었습니다. 그 당시 아이들은 질문을 하면 동시에 손을 들고 모두들 자기가 하고 싶은 말만 해서 알아듣기가 너무 힘들었습니다. 하지만 수업이 진행될수록 아이들은 누군가에게 자기가 알고 있는 모든 것을 엄청난 에너지로 말하고 같이 공감해 주길 원한다는 것을 매 수업마다 느낍니다. 아이의 말에 집중하는 것은 엄청난 인내가 따르는 어려운 일입니다. 우선 눈을 맞추고 고개를 끄덕이며 아이의 말에 호응해 주세요. 아이들은 부모님의 이런 작은 행동 하나에 마음을 열게 됩니다. 행동이 익숙해지면 아이가 하는 말에 간단한 질문도 같이 해주어야 합니다. 아이는 이 과정을 통해 공감능력을 키울 수 있죠.

대화 사례

| 학생 A | 학교 선생님이 저를 싫어하시는 것 같아요. |

| 왜 그런 생각이 들었니? | 선생님 |

| 학생 A | 수업 시간에 흉내내기를 했는데 선생님이 산만하다고 혼내셨어요. |

| 진이가 열심히 흉내내기를 했는데 선생님이 혼내셔서 많이 속상 했겠구나. 혹시 수업에 방해가 될만한 행동이 있었을까? | 선생님 |

| 학생 A | 큰소리를 내고 몸동작도 크게 했던 것 같아요. |

| 그랬구나. 아마 선생님은 다른 친구들에게 방해가 될까 봐 혼내셨을꺼야. 진이를 싫어해서 그러신 게 아니야. 선생님은 진이와 친구들 모두가 수업에 참여하길 원하시니까. 그렇지? 진이의 표현 능력은 최고라서 아무도 못따라오지! | 선생님 |

위의 대화는 2학년 남자 아이가 상담시간에 고민을 털어놓았던 실제 사례입니다. 아이들은 그냥 누군가에게 말하고 싶어서 대화를 시작하기도 하지만 자신의 감정을 알아주기를 원할 때도 많습니다. '왜 그럴까? 같이 생각해 보자'라는 말로 아이의 이야기에 공감해 주기만 해도 아이는 스스로 문제를 해결할 수 있습니다. 요즘 아이들은 학교 공부 외에 학원 등의

과외활동으로 지쳐 있어서 감정적으로 날카로울 때가 많습니다. 학교에서 돌아오는 아이 얼굴을 보고 <u>아이의 감정을 읽어 주는 것</u>도 중요합니다.

> "얼굴이 밝아 보이는데 기분 좋은 일 있었니?"
> "표정이 좋지 않은 걸 보니 속상한 일이 있었던 모양이구나."

확인하는 질문보다는 *아이가 생각할 수 있는 질문*이 대화를 이끌어 가기 좋습니다. 적절한 질문을 던지면 아이는 자신의 생각을 더 쉽고 편하게 이야기하기 시작합니다. 거창한 질문보다는 아이가 하고 있는 이야기에 호응하는 것부터 시작해 보세요.

아이의 사소한 이야기에도 관심을 가져주는 것이 중요합니다. 부모님이 아이의 말에 귀를 기울이게 되면, 아이들은 자기 생각에 관심을 보여주는 부모님 덕분에 자신의 생각을 자유롭게 말할 수 있게 됩니다.

1. 아이와 함께 책을 읽어주세요!

아이 생각과 친해지기를 집중적으로 해야 하는 시기는 7세부터 9세인 초등학교 2학년 때까지 입니다. 아이의 기초 언어가 확장되는 시기가 9세 이전이기 때문에 이 때에는 아이가 말하는 단어 하나하나에 부모님의 관심이 절대적입니다. 아이의 말은 아이의 생각과 성향을 나타내고 나아가 관심 분야에 대한 지표가 됩니다. 아이의 관심을 파악하면 어떤 책을 좋아하고 어떻게 흥미를 가지게 만들지 답을 알 수 있습니다.

이 시기에는 무엇보다 부모님과 아이가 함께 책을 읽으며 아이의 생각을 알아보는 것이 중요합니다.

부모님과 아이가 대화를 하면서 책을 읽으면 훨씬 <u>입체적</u>으로 책을 읽을 수가 있고 아이가 책에 조금 더 흥미를 느낄 수 있게 됩니다. 뿐만 아니라 아이는 부모님과 책을 함께 읽음으로 인해서 부모님과의 유대감이 훨씬 강해지고 독서에 대한 자신감이 높아지게 됩니다.

하지만 보통 부모님들은 한글을 떼고 나면 누구나 책을 읽을 수 있다고 생각하기 때문에, 자연스럽게 우리 아이도 책을 읽을 수 있다고 생각합니다. 그래서 아이가 혼자 책을 읽도록 방치하는 경우가 많은데, 가장 잘못된 생각입니다. 저자가 아이들에게 독서를 지도하면서 가장 안타깝게 생각하는 부분은 바로 아이가 책 읽을 시간이 턱 없이 부족하다는 겁니다. 우리나라 부모님들은 독서에 대한 책임을 온전히 아이에게 떠넘겨 버리는 경우가 많습니다. 물론 바쁜 생활 속에서 시간을 내기란 쉽지 않은 일입니다. 하지만 이 시기의 독서 습관은 유아기 때보다 더 중요합니다. 독서를 통해 직접 경험해 보지 못한 새로운 세계를 접할 수 있기 때문입니다. 그래서 아이가 직접경험과의 거리가 멀어지지 않게 부모님이 아이에게 재미있게 읽어주는 것이 중요합니다. 아이들은 다양한 경험을 하는 것에 비해 자신이 경험하는 것을 정리하는 시간은 상대적으로 많지 않습니다. 아이가 어디를 다녀왔다고 하면 다녀온 곳에 대한 내용이 있는 책을 부모님과 함께 되짚으며 경험을 다시 되살려 보는 것도 도움이 됩니다. 여행가기 전에 관련된 정보는 책으로 접하는 것도 좋습니다. 책을 읽고 경험으로 이어지는 것도 책에 대한 흥미와 함께 더 다양한 지식을 알고자 하는 욕구를 불러일으킬 수 있습니다.

2. 아이를 기다려 주세요!

아이가 책에 흥미를 잃어버리는 원인은 또 있습니다. 혼자서 책을 읽게 하는 것도 문제지만 아이가 책을 안 읽었을 때 왜 안 읽었냐고 다그치거나 혼내기에 급급하다는 것입니다. 이렇게 부모님에게 한두 번 야단을 맞게 되면 아이는 점점 책을 멀리하게 되고 책에 대한 흥미를 잃게 되어 버립니다. 뒤에서도 이야기 하겠지만 독서에 흥미를 잃어버린 아이는 글쓰기와 토론을 하는데 있어서도 어려움을 느끼기 쉽습니다. 독서가 중요한 것은 바로 글쓰기와 토론으로 연결되기 때문입니다. 부모님과 함께 책을 읽으면서 아이가 자연스럽게 궁금해 하는 부분에 대해서 질문을 할 수 있게 되면, 책을 읽고 느낀 점들에 대해 글쓰기가 수월해지고, 나아가 친구들과 책에 대해 어렵지 않게 말할 수 있게 됩니다.

또한 이 시기에 부모님과 함께 독서를 해야 하는 이유는 아이가 잘못된 판단을 할 수 있기 때문입니다. 책을 혼자서 읽는 아이는 책 속의 의문점에 대해 질문을 놓치는 경우가 많습니다. 그리고 잘못된 판단을 내리는 오류를 저지르기도 쉽습니다. 아이가 자유롭게 생각을 말하게 함과 동시에 부모님이 아이의 잘못된 생각이나 지식을 고쳐나갈 수 있어야 합니다.

7세 아동이 혼자서 책을 읽는다는 것은 무척 어려운 일입니다. 이 나이 때에는 장난감을 가지고 놀다가도 흥미가 떨어지면 바로 내팽개치고 다른 걸 찾는 성향이 있습니다. 때문에 이 시기의 독서는 부모님의 역할이 가장 크다고 할 수 있습니다. 독서는 글자를 읽어내고 생각을 하고 질문을 하는 과정을 거쳐야 완벽해지는데 대게 앞서 말한 바와 같이 무조건 다독만을 강조하는 것은 부모님이 가장 많이 범하는 오류입니다. 독서는 단순하게 글자 자체를 읽어 내는 것이 아닙니다. 이 부분을 오해하기 때문에 많은 부모님들이 아이 혼자서 책을 읽도록 방치하는 경우가 많습니다.

3. 아이의 경험과 독서를 이어주세요!

아이가 책에 대해 흥미를 가지게 만드는 방법은 그리 어려운 것이 아닙니다. 생활 속에서 아이가 하는 질문에 집중해 보세요. 예를 들어 아이와 함께 외출했을 때 길을 가다가 아이가 어떤 것을 보고 질문을 할 경우 놓치지 말고 기억해 두었다가 집에 돌아왔을 때 아이가 궁금했던 것에 관한 책을 찾아 보는 겁니다.

이렇게 경험과 같이 연계해서 책을 읽히면 책에 대한 흥미가 올라가면서 책에 관심을 갖게 만들 수가 있습니다. 또한 하루하루 아이가 궁금해서

저자의 사례

저자가 가르쳤던 아이 중에 책만 보면 집어 던지는 7살 여자아이가 있었습니다. 아이는 왜 자신이 책을 읽어야 하는지에 대해 제대로 인지하지 못하고 있는 것은 물론 책에 대한 흥미도 전혀 가지고 있지 않은 상태였습니다. 책에 대해 기본적으로 막연한 두려움을 가지고 있는 아이들이 있습니다. 이런 아이에게는 무조건 책을 읽으라고 강요하기보다는 아이가 가지고 있는 두려움을 먼저 없애주는 게 중요합니다. 우선 저자는 아이에게 책이 왜 두려운지를 물어본 다음, 그 동안 책을 어떻게 읽어왔는지 물어보면서 관심을 보여주었습니다. 독서를 할 때 아이가 무엇 때문에 힘들어 했는지 파악하는 게 중요하다고 했었죠? 알고 보니 이 아이는 책에 그림보다 글밥이 많아 책을 싫어하고 있었습니다. 저자는 아이에게 다른 아이의 이야기를 해주면서 책을 싫어하는 게 이상한 게 아니라고 이해시켜줬습니다. 그런 다음 아이가 그림을 설명하게 하고, 글은 저자가 읽으면서 글에 대한 부담감을 줄여주었죠. 그 후에 아이가 설명하는 그림과 저자가 읽은 글의 내용을 비교해 보고 비슷하다는 것을 인지 시켜주는 독서를 반복하자 아이는 자연스럽게 책에 대한 두려움을 줄일 수 있었습니다. 책에 대한 두려움을 없앤 후 저자는 가위바위보 놀이를 통해, 한 줄씩 번갈아 읽기를 하는 방식으로 자연스럽게 아이가 글을 읽도록 유도했습니다. 6개월 동안 이런 방식을 통해 지속적으로 책을 읽어주고 아이가 그림을 설명하고 나면, 그림에 대해서 가장 사실적인 질문을 유도해 책에 대해 흥미를 가지도록 했습니다.

질문했던 내용들을 바로 책으로 연결시켜줘야 아이의 경험이 확장되면서 자기 지식으로 이어져서 글쓰기를 할 때도 수월하게 다양한 지식을 활용할 수 있게 됩니다. 하지만 갑자기 아이에게 아무 이유도 없이 "오늘은 이거를 읽어야 해 라고 강요하게 되면 아이는 책을 읽는다는 것" 자체를 숙제로 여기게 되고 책에 대한 흥미는커녕 오히려 거부반응을 보이기 쉽습니다.

중요한 것은 아이가 생각하기 어려운 추상적인 질문은 가급적 하지 않았다는 것입니다. 그림에서 쉽게 연상 할 수 있는 질문을 하는 것이 좋습니다. 가령 이 동물 표정이 어떠니? 라는 식으로 주인공의 말과 행동을 통해 아이가 인물의 심리를 파악할 수 있게 해주고 아이에게도 주인공과 같은 감정을 가졌을 때가 있었는지를 물어보는 겁니다. 이 과정은 아이의 경험과 책 속 주인공의 경험을 연계시켜 책의 내용이 어렵지 않다는 사실을 아이에게 인지하게 만듭니다. 이런 과정을 통해 아이는 책에 대한 두려움에서 벗어나 독서에 자연스럽게 흥미를 가질 수 있게 됩니다.

> **Tip 이렇게 해보세요!**
>
> 책을 두려워하는 아이라면 우선 시각적으로 아이의 흥미를 끌 수 있도록 그림이 많은 책을 선택하면 좋습니다. 그런 다음 아이가 책에 대한 부담을 갖지 않도록 놀이를 통해서 독서를 유도하는 것도 한 방법입니다. 예를 들어 전래동화를 읽는다고 치면 주인공 이름을 아이 이름으로 바꿔서 읽어보는 것이죠. 아이가 직접 주인공의 상황을 경험하게 되는 듯한 기분을 느끼게 되면 책에 대해 자연스럽게 흥미가 생깁니다. 또는 주인공이 많이 나오는 책을 골라 아이의 친구들 이름을 넣어서 읽게 해보는 것도 좋습니다.

우리나라는 취학 전 7살 때와 취학 후 초등학교 1학년 때 교과서에서 배우는 어휘 차이가 크게 납니다. 그러다 보니 독서를 꾸준히 해왔던 아이와 그렇지 않은 아이 사이의 수준 차이 또한 많이 나게 됩니다. 아이들은 글자 수가 조금만 더 많아져도 일단 책을 안 읽으려고 하는 경우가 있습니다. 문제는 부모님들이 초등학교에 입학하기 전 한글을 강제로 떼게 하는 경우가 많다는 것이죠. 이런 아이는 자연스럽게 글자에 대한 두려움을 갖게 되어 독서를 거부하게 됩니다. 심할 경우 난독증을 보이는 아이들도 생기곤 하는데요. 특히 유치원에서 지나치게 받아쓰기를 많이 했던 아이들 같은 경우에는 글자에 대한 울렁증이 생기는 등 글을 기피하게 되면서 그림보다 글자가 많은 책들을 멀리하는 부작용이 나타나기도 합니다.

독서 교육에서 제일 중요한 포인트는 아이가 무엇을 좋아하고 무엇에 흥미가 있는지를 파악하는 것입니다. 그러기 위해서는 가능한 아이의 이야기를 많이 들어주어야 합니다. 그리고 아이가 궁금해했던 것을 책을 통해 알아보도록 유도해주세요. 이러한 패턴이 반복되다 보면 아이는 자연스럽게 책에 대한 흥미를 가질 수 있습니다.

Summery!

아이 생각과 친해지기를 집중적으로 해야 하는 시기는 7세부터 9세인 초등학교 2학년 때까지가 가장 좋습니다. 독서에 흥미를 느끼기 시작하는 이 시기의 아이들에게 부모님이 최대한 집중해서 책과 친해지도록 도와주는 것이 가장 중요합니다. 이 시기를 놓치지 않으면 독서는 아이에게 즐거운 놀이가 되고 이후로도 꾸준한 독서를 할 수 있게 됩니다.

1. 아이와 함께 책을 읽어 주세요!
2. 아이를 기다려 주세요!
3. 아이의 경험과 독서를 이어주세요!

02
독서를 하면 어휘력이 좋아질까?

아이의 생각은 아이가 쓰는 어휘와 직결됩니다. 저자가 15년이 넘는 시간 동안 현장에서 직접 아이의 독서지도를 해왔던 경험으로 비춰봤을 때 책은 어휘 학습에 가장 좋은 도구라고 생각합니다. 아이의 어휘를 확장 시킬 수 있는 학습방법으로 독서만한 게 없다고 자신합니다.

아이들은 책 속에 있는 완성된 문장들을 통해 어휘를 이해하고 습득합니다. 독서는 일상생활에서 다양한 어휘를 사용하여 자기의 생각을 더 잘 표현할 수 있게 도와줍니다. 책을 읽으면서 단어를 물어보거나 문장 만들기 등을 하면 재미있게 어휘를 습득 할 수 있습니다. 특히 아이들이 좋아하는 분야의 책을 풍부하게 읽게 하면 어휘력 강화에 많은 도움이 됩니다. 같은 학년의 아이라 하더라도 책을 읽고 토론을 많이 해 본 아이가 상대적으로 훨씬 세련된 언어를 구사할 수 있습니다.

"독서를 시키면 정말 아이의 국어실력이 좋아지나요?"

저자가 플라톤 수업 상담을 해보면 이런 의문을 던지시는 학부모님들이 참 많습니다. 이런 질문을 하는 이유는 독서가 사고력, 어휘력, 집중력 등에 좋다는 사실은 알고 있지만 독서를 학습의 영역으로 인식하지 못하고 있는 경우가 대부분이기 때문입니다. 그래서 아이에게 일방적으로 책을 사주거나 막연하게 읽으라고만 강요하는 것이죠. 하지만 강요에 의한 독서로는 아이의 국어실력을 향상 시키기보다 오히려 책을 멀리하게 만들 확률이 더 높습니다. 설사 처음에 독서에 흥미를 보이더라도 지속적인 독서 습관으로 이어지기는 어렵습니다.

독서지도를 하는 연령대는 빠르면 5세부터도 가능하지만 7세에서 9세가 일반적입니다. 언어발달에 관한 자료를 보면 유아동기 때보다 초등학교 입학 이후 단어 습득 속도나 양이 폭발적으로 증가하는 것을 알 수 있습니다.

일찍 시작할수록 좋습니다.

스캐몬의 성장곡선에 의하면
두뇌의 발달은 12세 전후로 **멈춥니다.**
그전에 독서습관을 잡고, 독서능력과
언어능력을 키우면서
자기생각을 키우는 힘을 길러야만
앞으로의 전생애 학습이 순탄해집니다.

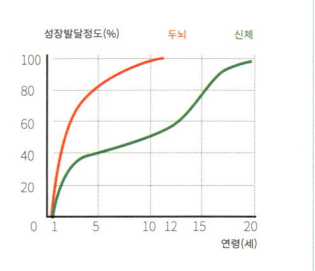

이 시기에 학습된 어휘는 초등 3~4학년에 배우는 어려운 교과 과목을 이해하는 데 도움을 줍니다. 또한 판단능력이 형성되는 3~4학년에는 또래 집단과의 소통능력에도 영향을 미쳐 자신의 감정을 더 잘 전달할 수 있습

니다. 같은 상황에서도 자신의 문제를 설명해 내지 못하는 아이들이 있는 반면 어휘 능력이 높은 아이들은 친구들과 문제가 생겼을 때 감정적으로 해결하기보다 논리적으로 대처할 수 있는 것이죠.

고학년으로 올라갈수록 학습 난이도가 높아지기 때문에 어휘력이 부족하거나 이해력이 떨어지면 학습 부진으로 이어지기 쉽습니다. 저학년일 때 독서를 제대로 시작해야 하는 이유가 바로 여기 있습니다. 아이의 학습력과 직접적으로 연결되기 때문이죠.

고학년들은 어려워지는 학습과 학원에 대한 부담으로 독서를 멀리하고 심지어 포기해버리는 경우도 많습니다. 반면 저학년 때부터 독서를 습관적으로 해온 아이들은 오히려 책을 통해 어려운 단계의 학습을 해결합니다. 독서는 차근차근 단계를 밟아가며 꾸준히 하는 평생 놀이가 되어야 합니다. 고학년으로 갈수록 어려워지는 학습을 쉽게 해결하기 위해서라도 일찍 독서 교육을 시작하는 것을 권유합니다. 제대로 된 독서 만으로도 학교 수업을 충분히 따라갈 수 있습니다.

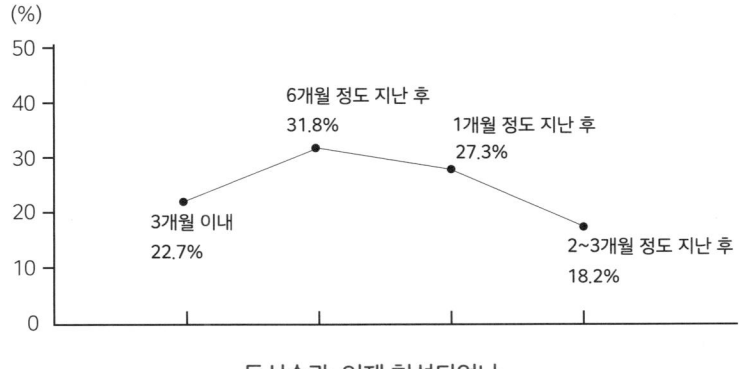

독서습관, 언제 형성되었나

출처 : 주니어 플라톤 참고

독서에 대한 관심을 이끌어 내기 위해서는 우선 우리 아이가 어떤 생각을 하는지 아는 것이 가장 중요합니다. 이제 막 독서를 시작하는 저학년의 경우 대화를 할 때 자신이 알고 있는 어휘만을 사용해 문장을 만들게 됩니다. 그래서 이 시기의 독서는 아이가 알고 있는 한정된 어휘를 확장시킬 수 있는 좋은 도구가 됩니다.

아이가 자유자재로 한 단어를 구사하기 위해서는 적어도 10개의 문장에서 그 단어를 접해야 한다고 합니다. 생활 속에서도 대화를 통해 자연스럽게 다양한 문장을 접하게 해줄 수 있지만 더 좋은 방법이 바로 독서입니다. 특히 요즘은 부모님과 아이가 대화할 시간이 많지 않기 때문에 독서가 더욱 중요 합니다. 아이가 책 속의 문장을 통해 다양한 어휘를 습득하게 되면 상황판단 능력을 비롯하여 등장인물들 간의 소통 방법까지 익힐 수가 있습니다.

저자는 처음 독서 수업을 받는 아이에게 '생각 꺼내기' 라는 단계를 꼭 진행합니다. 생각 꺼내기를 하는 가장 중요한 이유는 아이가 구사할 수 있는 어휘력을 체크해 볼 수 있기 때문입니다. 하지만 대부분의 부모님은 이 단계를 거치지 않고 무작정 아이에게 독서를 시킵니다. 물론 이 단계를 몰라서 하지 않는 부모님들이 대다수 입니다. 때문에 이 시기의 아이를 가진 부모님들에게 독서지도 코치를 받아 보시기를 조언해 드립니다.

「장화 신은 고양이」를 읽고 난 후, "생각 꺼내기"
질문 예) 고양이는 왜 막내 아들을 공주와 결혼까지 시키고 도와주었을까요?

생각 꺼내기 단계를 통해 아이의 어휘력을 체크해볼 수 있는 것은 물론 아이의 관심사도 함께 알아 볼 수 있습니다. 우리 아이가 어떤 분야에 관심과 흥미를 보이는지 알면 자연스럽게 해당 관심 분야로 대화를 이끌어 줄 수 있습니다. 이 과정을 통해 아이가 어떤 장르의 책에 흥미를 보이게 될 지 판단이 서게 됩니다. 독서를 처음 시작하는 단계에서는 아이의 흥미유발과 동기부여가 무엇보다 중요합니다. <u>좋아하는 책부터 재미있게 시작하는</u> 아이는 독서에 대한 거부감이나 두려움 없이 시작하기 때문에 지속적인 독서습관으로 이어질 확률이 더 높습니다.

생각 꺼내기는 곧 질문입니다. 인내심을 가지고 질문을 던져야 합니다. 아이에게 질문을 했을 때 아이가 '몰라요' 라고 대답하면 부모님은 '왜 몰라? 그거 배웠잖아' 라고 윽박지르기 쉽습니다. 독서는 짧은 기간에 효과를 보일수 있는 것이 절대 아닙니다. 독서 경험이 쌓이고 구체적이고 입체적인 질문을 많이 받아본 아이는 발표력도 좋아지고 판단력은 물론 주제파악도 빠르게 잘 해낼 수 있습니다.

<u>「 미운오리새끼 」를 읽고 책 내용과 아이의 경험을 연결시켜봅니다.</u>
질문 예) 주변에 미운 오리처럼 모습이 다르다고 놀림을 받는 친구가 있니?
답변) (아이는 경험을 통한 생각 말하기를 습득하게 됩니다.)

지금은 부모님이 책을 사서 억지로 읽히는 시대가 아닙니다. 재미없었던 책도 재미있게 읽을 수 있는 동기부여가 필요합니다. 아이들이 책을 <u>주도적 으로</u> 읽을 수 있도록 도와야 하는 시대가 된 것입니다.

실제로 창의 융합형 인재 양성을 목표로 하는 교육 수업이 현재 우리나라 공교육 현장에서도 실행되고 있습니다. 창의 융합형 인재란 다양한 학문을 융합한 학습을 통해 창의적인 사고를 할 수 있는 인재를 말합니다. 그래서 요즘 부모님들은 아이들의 창의적인 사고력을 키워주기 위한 학습에 관심이 높습니다.

독서는 창의력을 키워주는 좋은 학습법이기 때문에 부모님들의 관심이 많습니다. 하지만 단순히 지식을 습득하기 위한 독서는 창의적인 사고력을 키우는데 한계가 있습니다. 아이가 독서를 통해 얻은 지식을 활용하여 새로운 무언가를 만들어 낼 수 있는 창의성을 키우고 문제 해결능력을 갖춘 인재가 되기를 원한다면, 우선 부모님이 달라져야 합니다.

아이들이 관심 있어 하는 분야를 적극적으로 지지하는 '지지독서'가 아이의 창의력을 키웁니다. 아이 스스로 독서를 해나가려면 무엇보다 부모님의 역할이 중요합니다. 대부분의 부모님은 아이가 책을 다 읽고 난 후 비슷한 질문을 던집니다. 단답형의 답을 요구하는 질문을 하는 것이죠. '책이 재미있었니? 없었니?'와 같은 질문은 절대 아이의 흥미를 유발시킬 수 없을 뿐더러 창의적인 답변도 유도할 수 없습니다. 그렇다면 어떻게 질문을 해야 할까요?

책에 입체적으로 접근할 수 있도록 구체적인 질문을 던지는 것이 핵심입니다. 아이가 책 속의 주인공을 다시 한 번 상기할 수 있도록 "주인공은 어떤 성격일까?"등과 같은 질문을 하는 것이 좋습니다. 책을 읽고 나서 생각이 변화된 부분이나 기억에 남는 주인공에 대해서 상세하게 질문을 던지는 것입니다. 위인전의 경우 인물에 초점을 맞춰, 위인과 아이의 공통점과 차이점을 물어보는 것도 좋은 방법입니다. 위인전을 읽고 나서 이런 질문을 던지게 되면 아이는 위인과 자신의 비슷한 점을 찾으면서 자신도 위인처럼 될 수 있겠다는 생각을 하게 됩니다. 독서를 통해 자연스럽게 장래희망을 그려볼 수 있는 것이죠.

책을 싫어하는 아이의 경우, 책 속의 그림을 스스로 설명할 수 있게 유도 하는 것도 좋은 방법입니다. 글밥(어휘)이 어려워서 책을 못 읽는 아이들도 그림은 쉽게 설명할 수 있습니다. 부모님과 함께 책을 읽을 때 책에 나온 단어와 비슷한 다른 단어가 무엇이 있는지 생각해 본다거나, 책에 나온 내용을 활용해 퀴즈를 내는 등 책을 재미있는 놀이로 느낄 수 있도록 유도하는 것이중요합니다.

마지막으로 생각 꺼내기를 할 때 잊지 말아야 할 것은 부모님이 아이보다 먼저 책을 읽어 봐야 한다는 것입니다. 대부분의 부모님은 아이만 책을 읽게 합니다. 아이의 생각을 끄집어 내기 위해서는 아이와 소통이 잘 이루어져야 하는데 일방적으로 아이만 책을 읽는 것은 소통에 한계가 있습니다. 부모님도 책을 읽어야 합니다. 아이에게만 책을 읽으라고 하는 건 강요밖에 되지 않으며, 시간이 지날수록 아이는 부모님의 말을 신뢰하지 않게 됩니다. 자녀의 독서습관은 부모님의 독서습관과 결코 무관하지 않습니다.

> **Tip 이렇게 해보세요!**
>
> 1. 아이가 책을 읽기 전 부모님이 먼저 책을 읽고 내용을 숙지합니다.
> 2. 아이가 책을 읽고 난 후 구체적으로 대답할 수 있는 질문을 던집니다.
>
>   예) 책이 재미있었니? 없었니? (단답형 X)
>   주인공에게 어떤 말을 해주고 싶니? (O)
>   주인공 성격은 어떤 거 같아? (O)
>   독서 전과 후 느낌이 어떠니? (O)
>
> 3. 글밥(어휘)이 어려워 못 읽는 아이에게는 책의 그림을 설명하도록 유도합니다.
> 4. 책 내용을 퀴즈로 만들어 놀이를 통해 책의 내용을 파악할 수 있도록 합니다.
> 5. 위인전을 읽을 때는 아이와 주인공의 공통점 또는 차이점을 찾아보게 합니다.
> 6. 생활 속에서도 아이에게 구체적인 질문을 합니다.
>
>   예) "가위 좀 가져올래?" → "거실 탁자 위에 있는 노랑색 가위 좀 가져올래?"

Summery!

우리 아이의 어휘력! 생각 꺼내기만으로도 늘어 날 수 있습니다.

아이가 책을 읽고 어떤 생각을 하는지 말 할 수 있도록 구체적인 질문을 해주세요! 생각의 표현을 넓히면 안 쓰던 어휘도 두 배로 쓰게 됩니다.

아이들이 관심 있어 하는 분야를 적극적으로 지지하는 **지지독서**가 아이의 창의력을 키웁니다. 책에 나온 단어와 비슷한 단어가 무엇이 있는지 생각해 본다거나, 책에 나온 내용을 활용해 퀴즈를 내는 등 책을 재미있는 놀이로 느낄 수 있도록 유도하는 것이 중요합니다.

03
어떻게 하면 책을 좋아하게 될까?

독서는 친구를 사귀는 것과 비슷합니다. 우리는 낯선 누군가를 친구로 받아들이기까지 그 사람이 어떤 사람인지 파악하고, 나와 성향이 비슷한지 탐색하고, 여러 번 만나면서 친해지는 과정을 거칩니다. 독서도 마찬가지입니다. 이제부터는 책을 자주 만나면서 친해져야 하는 단계입니다. 책과 친해진다는 것은 아이가 능동적으로 책을 읽는다는 것을 의미합니다. 그러기 위해서는 아이 스스로가 책에 대한 흥미를 가질 수 있도록 부모님이 독서 환경을 만들어 주는 것이 가장 중요합니다.

첫 번째, 집에 있는 책을 최대한 활용하라!
요즘 대부분의 부모님은 아이의 학교 입학 전부터 많은 책을 구매해 놓습니다. 전래동화부터 여러 분야의 전집류까지 다양하게 보유하고 있는

집이 많습니다. 아이가 7세 무렵이 되면 이 책들을 충분히 활용해 주어야 합니다.

무턱대고 다른 사람 추천으로 전집을 구입한 경우, 제대로 활용을 못하는 사례가 많습니다. 아이들이 노는 것만 보아도 어느 정도 성향을 파악할 수 있기 때문에 처음에는 쉬운 책부터 시작해서 아이가 자주 이야기하거나 읽어 달라고 하는 분야 위주로 독서를 하면 됩니다. 책을 구매하는 것도 마찬가지 입니다. 아이가 좋아하고 관심을 보이는 책 위주로 사주면 아이가 독서에 더 흥미를 가질 수 있습니다. 책에 대한 흥미를 키운 후에 다른 분야의 책을 읽게 하면 거부감을 줄일 수 있는 것은 물론 지식의 범위를 확장시킬 수 있습니다.

두 번째, 책을 읽고 나서 문장을 만들어 어휘력을 확장하라!

아이의 생각을 확장시키기 위해 어휘를 많이 사용할 수 있는 문장들을 만들어 보는 것입니다. 예를 들어 아이가 이순신 위인전을 읽었다면, 이순신의 성격이나 특징을 10개 단어로 만들어보게 합니다. 이렇게 하면 아이는 자연스럽게 이순신이란 인물에 대해 다시 한 번 파악하게 되고 해당 단어를 확실히 인지하게 됩니다.

세 번째, 책에 대한 궁금증을 계속 연결시켜라!

이순신에 대한 위인전을 읽었다면, 인물에 대한 궁금증에서 그치지 않고 이순신이 살았던 시대로 연결시킬 수 있어야 합니다. 아이의 관심이 인물에서 역사로 자연스럽게 넘어가게 만드는 것입니다. 한솔교육의 주니어 플라톤 수업에서 배우는 '나비'라는 책이 있습니다.

> <나비>는 헤르만 헤세 작품으로 나비를 수집하는 두 친구에 대한 이야기입니다. 주인공 '나'는 가난하지만 나비에 대한 열정이 가득한 친구입니다. 반면 약간 건방진 게 흠인 '에밀'은 모아놓은 나비는 얼마되지 않지만 보석처럼 완벽하게 보존해놓은 친구죠. 어느 날 에밀이 공작나비를 잡았다는 소식을 들은 '나'는 망가뜨리기까지 합니다. 결국 사실을 털어 놓은 '나'에게 에밀은 심한 말로 상처를 주고 '나'는 지금껏 자신이 모아 놓은 나비들을 모조리 짓이겨 버립니다.

수업이 끝나고 나면 나비와 관련된 인물이 누가 있을까 라는 질문을 던집니다. 그러면 아이들은 나비박사 석주명을 떠올립니다. 이 때 나비박사 석주명에 대해서 조사를 해보자고 제안합니다. 이렇게 <나비>라는 책 한 권을 읽고 나서 마인드맵으로 다른 책을 읽을 수 있도록 유도하는 것입니다.

아이가 읽은 책의 배경이 6.25 라면 6.25 전쟁과 관련된 책으로 아이가 생각을 확장시킬 수 있도록 돕는 것이 바로 책과 친해지기의 방법입니다. 아이를 책과 친해지게 만들고 싶다고 무작정 아무 관련도 없는 책을 주고 읽으라고 하는 것 보다는 아이가 읽었던 책에서 나온 내용과 연관된 책으로 호기심을 자극하는 게 좋습니다. 그러면 아이는 자연스럽게 다른 책들로 흥미를 이어갈 수 있습니다.

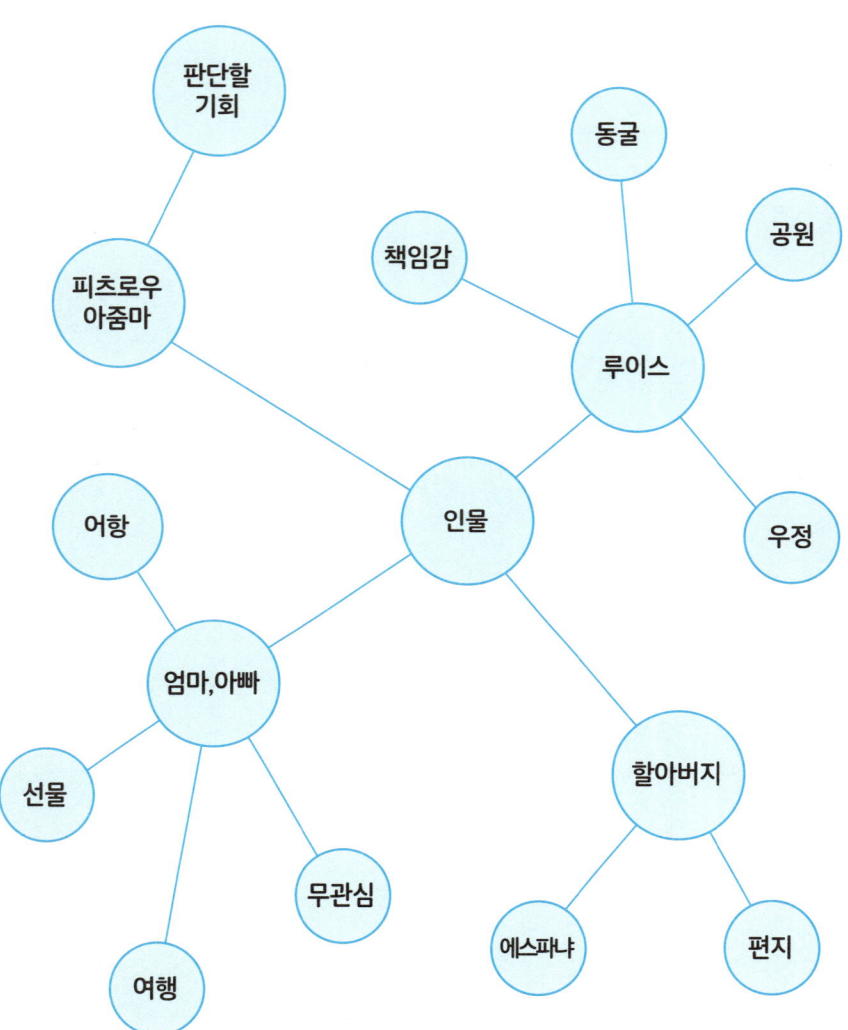

독서마인드 맵

사실 책과 친해지는 방법은 어른이나 아이나 큰 차이가 없습니다. 어른도 책 속에 나온 내용에 대해 관심이 가서 다른 책을 읽어 보듯이 아이들도 마찬가지입니다. 독서를 통한 사고의 확장은 책과 책을 연관 지어 읽느냐에 따라 달라집니다. 독서를 시작할 때부터 책과 책을 어떻게 연결 지어 읽는 습관을 들이게 되면 아이의 생각도 꼬리에 꼬리를 물 듯 이어 나가게 됩니다. 그러면서 아이의 독서는 자연스럽게 역사, 과학, 사회 등 다양한 분야로 그물맥처럼 확장됩니다. 이러한 독서의 확장은 7차 교육과정의 통합교육과도 연결됩니다.

7차 교육과정
교육부(교육인적자원부) 발족 이후 7번째로 개편된 교육과정.
교육과정이란 초·중고교에서 '무엇을, 어떻게 가르칠 것인가'에 대해 국가가 기준을 정해 놓은 틀을 말한다.

통합교육과정
학습자의 전인적 발달을 도모하기 위하여 전통적인 교과의 구분을 탈피하고 학습자의 경험을 중심으로 구성된 교육과정이라고 할 수 있다.

하나의 지식만 가지고 교과서를 이해하는 것은 불가능합니다. 예를 들면 국어 과목에도 과학 지문이 나옵니다. 때문에 아이들은 다양한 지식을 활용해 글을 해부할 수 있어야 합니다. 최근 초등학교 교육은 국어뿐만 아니라 과학, 수학, 사회 등을 통합적으로 함께 가르치고 있습니다. 지금은 통합적 사고력이 필수적으로 요구되는 시대입니다. 독서는 통합적 사고력을 키우기 위한 가장 좋은 교육법입니다.

앞에서 말한 독서 마인드맵을 만들기 위해서는 무엇보다 독후 활동이 중요합니다. 독후 활동은 책과 친해지기의 핵심이기도 합니다. 부모님이 직접 아이의 독서를 지도할 때, 저학년의 경우에는 한 권의 책을 한번에 읽게 하는 것보다는 페이지 끊어 읽기를 시키는 게 좋습니다.

> **Tip 이렇게 해보세요!**
>
> 처음에는 10페이지씩 끊어 읽게 합니다. 이후 한 달 동안 10페이지씩 끊어 읽기를 끝냈다면 다음달엔 같은 책을 20페이지씩 끊어 읽게 합니다. 그리고 끊어 읽기를 할 때 읽었던 내용을 간략하게 정리하도록 합니다. 이런 메모 습관을 익히면 나중에는 자연스럽게 아이 스스로 독후활동을 할 수 있습니다. 처음에는 어렵더라도 저학년 때 습관을 들여놓으면 고학년에 가서는 독해력은 물론 이해력, 집중력이 몰라보게 향상된 것을 느낄 수 있습니다.

끊어 읽기 메모 예시

저학년의 경우에는 책의 두께가 얇아도 완독이 쉽지 않습니다. 좋은 책은 여러 번 읽는 게 중요한데 대충 한번 읽고 독서가 끝났다고 새 책을 사주는 부모님들이 있습니다. 하지만 새 책을 읽는 것보다는 읽었던 책을 집중해서 여러 번 다독하는 독서습관이 훨씬 좋습니다. <u>좋은 책 속에는 좋은 어휘가 많이 나오기 때문입니다.</u> 그 어휘들만 제대로 다 습득해도 아이의 어휘력은 월등히 확장되고 사고력도 좋아집니다.

저학년일수록 글밥이 많은 책을 어려워해서 그림이 많이 들어 있는 학습만화책을 읽히는 경우가 많은데 좋은 방법이 아닙니다. 학습만화에는 저학년 때 꼭 습득해야 할 중요한 어휘가 부족합니다. 지식 확장 측면에서 읽어주는 건 좋지만 학습만화의 경우 대화가 주를 이루고 문장의 호흡이 짧기 때문에 고학년으로 올라갔을 때 긴 문장 읽기에 어려움을 겪게 됩니다. 그래서 저자는 독서에 입문할 때, 학습만화에 자주 노출되는 것은 아이의 독서를 방해할 수 있다고 조언합니다. 저자가 아동기 때부터 학습만화를 계속 읽었던 아이를 가르친 적이 있는데, 그 아이는 단순 지식에는 강했지만 호흡이 긴 문장으로 이루어진 책을 접하지 못해 글이 많은 책을 읽고 독후 활동 하는 것은 힘들어 했습니다.

처음 독서지도를 받는 아이들에게 가장 중요하게 생각했던 것이 바로 흥미 유발입니다. 책과 친해지는 단계에서는 책에 대한 거부감을 줄이고 아이들이 독서를 놀이로 생각할 수 있도록 만드는 것이 우선순위입니다. 책을 친구라고 아이가 생각하게 되면 책에 흥미를 많이 느끼게 되고 스스로 책을 읽을 수 있는 동기부여가 생깁니다.

> **Tip 이렇게 해보세요!**
>
> **제목으로 질문 만들기!**
> 미운 아기오리는 왜 오두막을 떠났을까요? (미운 아기오리)
> 백설공주는 왜 문을 열어주었을까요? (백설공주)
> 행복한 왕자는 왜 제비 곁에 머물렀을까요? (행복한 왕자)
>
> **아이 스스로 읽을 책을 선택하도록 하기!**
> 흥미와 책임감을 부여하면 주도적인 독서 습관을 기를 수 있습니다.
>
> **아이와 함께 독서 계획 짜기!**
> 막연하게 책을 읽는 것보다 부모님과 함께 어떤 책을 읽을지 의논하면 공감대를 늘릴수 있는 것은 물론 아이가 주도적으로 책을 읽는 습관을 들일 수 있습니다.
>
> **한 권을 여러 번 읽기!**
> 저학년일수록 한 권을 여러 번 읽으면, 어휘가 확장되고 책에 대한 내용을 확실하게 이해할 수 있습니다.
>
> **주인공 대화 책 만들기!**
> 책을 읽고 생각나는 장면을 말풍선 속 대화만을 통해 채워나가는 방식입니다. 독서 후 자신만의 또 다른 책을 만들어 가는 즐거움을 가질 수 있습니다.
>
> **책을 읽은 후 읽은 페이지의 내용을 간략하게 메모해서 붙여놓기**
> 독후활동으로 자연스럽게 이어질 수 있습니다. 굳이 한 권을 끝까지 다 읽히려고 하지 마시고 페이지 끊어 읽기를 시도해보세요!
>
> **다양한 놀이를 활용해 보세요!**
> 단어를 구분하지 못하는 아이를 위해 책에 나온 단어 중에서 두 글자나 세 글자만 써서 빙고게임 놀이를 합니다. 단어를 찾기 위해 책을 한번이라도 더 펼쳐보게 되면서 자연스럽게 책과 친해질 수 있습니다. 빙고게임 이외에도 끝말 잇기, 첫말 잇기 등 놀이를 활용해서 독서를 유도해 보세요!

Summery!

책과 친해진다는 것은 아이가 능동적으로 책을 읽는다는 것을 말합니다. 아이가 책에 흥미를 가질 수 있도록 독서 환경을 만들어 주는 것이 가장 중요합니다.

1. 집에 있는 책을 최대한 활용하라!
2. 책을 읽고 나서 문장을 만들어 어휘력을 확장하라!
3. 책에 대한 궁금증을 계속 연결시켜라!
4. 좋은 책을 여러 번 읽게 하라!
5. 한번에 다 읽는 것보다 페이지를 끊어 읽도록 하라!
6. 다양한 놀이를 활용해 책에 대한 흥미를 유발시켜라!

04
권장도서,
우리 아이와 잘 맞을까?

　　대부분의 부모님은 아이의 책을 고를 때 아이의 나이와 학년에 맞는 책을 선택합니다. 특히 초등학교 권장도서나 추천도서 목록에 있는 책을 우선으로 읽히려는 부모님들이 많습니다. 하지만 <u>아이 마다 어휘력이나 성향이 다르기 때문에 권장도서가 모두에게 잘 맞는 것은 아닙니다.</u> 또한 어떤 아이는 자신의 연령 또는 학년과는 무관하게 더 깊이 있는 책을 읽고 싶어하는 욕구가 있기도 합니다. 이런 아이 같은 경우 부모님이 아이의 어휘 능력을 제대로 파악하지 못한 채 오로지 나이와 학년에만 고착되어 아이의 독서능력을 과소평가하는 오류를 범하기 쉽습니다. 독서에 대한 목마름이 있는 시기에 갈증을 풀어주지 않으면 아이가 독서에 대한 흥미를 영영 잃어버리는 경우도 종종 있습니다. 이와는 반대로 어휘력이 부족한 아이에게 보통의 권장도서를 읽게 하는 경우도 있죠. 아이를 과대평가 하거나, 아이의 수준을 고려하지 않고 이웃집 아이가 읽어서 좋다고 하는 책들을 무턱대고 읽히는 경우가 많습니다.

부모님들이 가장 놓치기 쉬운 것 중 하나가 책을 읽는 독자가 아이라는 사실입니다. <u>책을 읽는 주체가 아이라는 것을 염두하고 책을 고를 때 고려해야 할 것들을 생각해보세요.</u>

1. 책을 읽는 주체는 아이다

서점에 아이와 새 책을 사러 가서 어떻게 하시나요? '이 책은 우리 아이가 읽기에 너무 어렵다'하는 책은 선택하지 않는 경우가 많지 않나요? 반대로 부모님이 생각하기에 아이가 읽으면 좋을 것 같은 책을 고르는 경우도 많습니다. 이 두 사례 모두 책을 읽는 주체인 아이보다 부모님의 입장에서 책을 선택하는 행동입니다.

부모님이 보기에 어렵게 느껴지는 책이라도 아이의 흥미를 자극시킬 수 있다면 괜찮습니다. 아이가 책에 대한 흥미를 가지고 있다는 건 그만큼 독서에 대한 욕구가 생겼다는 것이기 때문입니다. 아이의 수준을 지나치게 뛰어 넘는 책만 아니라면 아이에게 선택할 기회를 주어야 합니다. 아이가 선택한 책의 내용을 전부 습득하지 못하더라도 책 속에서 단어 하나를 습득할 수 있으면 그건 독서를 한 것이라고 여겨야 합니다. 저학년이라서 지금 당장 전부 이해할 수 없다고 해도 걱정할 필요는 없습니다. 시간이 지나서 학년이 올라갔을 때 다시 읽으면 됩니다. 여기서 중요한 것은 <u>아이가 원하는 책을 읽을 수 있도록 기회의 문을 열어 두는 것입니다.</u> 책을 고를 때 아이를 과대평가하는 건 문제 될 게 없지만 과소평가해서는 안 된다는 것입니다. '너는 아직 어리니까 이건 읽으면 안 돼' 라고 부모님의 생각으로 미리 선을 그어버리면, 아이는 새로운 어휘를 배울 기회를 박탈 당하는 꼴이 됩니다. 책을 읽고 나서 해석하는 방법이 저마다 다르기 때문에 아이가 읽을 수 있는 양이라면 충분히 읽게 해줘도 무방합니다.

친구끼리 책을 바꿔서 기간을 정해두고 독서를 하는 방법도 추천

드립니다. 요즘은 도서관에 좋은 책이 많이 구비되어 있기 때문에 도서관을 활용하는 것 또한 권장해드립니다. 범위를 정해주고 아이 스스로 선택하게 하되 부모님이 스스로 책을 구입하여 읽게 지도해주면 좋습니다. 고학년들은 독서 통장을 만들어서 통장에 있는 금액만큼 스스로 책을 구입하여 읽게 해주시는 것도 좋습니다. 스스로 선택하여 책을 읽으면 책을 소중하게 다룰 뿐 아니라 다음 책을 고를 때 더 진지하게 고민하여 구매하는 습관이 생깁니다. 부모님이 직접 책을 구매해주는 것도 좋지만 아이들이 읽고 싶은 책을 사서 스스로 계산해보게 하는 것도 독서에 흥미를 불러일으킬 수 있는 좋은 방법입니다.

부모님이 생각하기에 우리 아이의 수준에서는 너무 쉽다고 생각해서 '이건 네가 읽을 게 아니야' 라고 판단하는 경우도 있습니다. 아이가 스스로 판단할 수 있도록 놔둘 필요가 있습니다. 그래야 자기주도적인 독서습관을 기를 수 있습니다.

저출산의 영향으로 요즘은 외동이 늘어나면서 부모님이 아이를 과잉보호 하는 경향이 생겨서 점점 의존적인 사고를 하는 아이들이 늘어나고 있는 현실입니다. 책을 구매할 때도 부모님이 서점에서 사주거나 홈쇼핑에 나오는 책을 한꺼번에 사는 경우도 많습니다. 다른 사람이 좋다고 권해주는 책을 사는 경우도 있습니다. 하지만 이렇게 책을 무턱대고 사놓고서 정작 읽어야 할 아이는 읽지 않는 사례가 많습니다. 아이의 성향을 제대로 파악하지 못했을 뿐만 아니라 계획 없이 책을 샀기 때문입니다. 책을 선택할 때는 무엇보다도 아이의 생각이 가장 중요합니다.

2. 아이가 좋아하는 것이 먼저다.

저자가 수업을 진행하기 전 가장 먼저 하는 일은 아이의 어휘능력을 파악하고 생각을 물어보는 것입니다. 아이들의 어휘능력과 성향이 천차만별이기 때문입니다. 글밥이 많다고 하는 아이들도 있고 그림이 너무 적다고 하는 아이들도 있습니다. 아이의 생각을 존중하지 않는 독서는 책과 아이의 거리를 멀어지게 만드는 행동입니다. 가장 중요한 건 아이에게 먼저 물어 보는 것입니다. 그렇다고 무조건 아이의 의견을 따르라는 말은 아닙니다. 처음부터 독서를 좋아할 아이는 많지 않으니까요. 이때는 부모님이 아이의 능력을 잘 판단해 옳은 방향으로 설득할 수 있어야 합니다.

아이가 독서를 할 때 곁에서 살펴보는 것이 중요합니다. "지난번에 이런 책을 읽었으니까 충분히 읽을 수 있을 것 같아서 가져와 봤어. 어때? 읽어볼래?" 하고 한번 아이에게 보여주는 것입니다. 아이는 엄마가 자신이 읽을 수 있다고 생각하는 것을 알기 때문에 거절하지 않을 것입니다. 만약 이웃집에서 좋다고 추천한 책이 있다면 바로 구매하지 말고 우선 그 책을 아이에게 가져와 보여주세요. 맛보기로 책을 읽어 보게 하고 난 후 흥미를 보이면 그 때 구입해도 늦지 않습니다. <u>아이에게 의견을 물어보고 책을 선택하는 것은 독서에서 정말 중요한 과정입니다.</u>

특히 형제 자매가 있는 경우 성향이 저마다 다르기 때문에 아이들의 성향 파악이 아주 중요합니다. 보통 새 책을 구매하지 않고 첫째가 좋아하는 책을 둘째에서 셋째로 그대로 읽히는 경우가 있습니다. 그래서 동생들은 자신들이 좋아하는 책을 읽을 선택권을 가지지 못하는 경우가 많죠. 저자가 가르쳤던 둘째인 아이들의 경우, 좋아하는 책을 물어보면 자기가 좋아하는 책이 없다고 대답하는 경우가 많습니다. 자기가 좋아하는 책을 읽고 싶을 때 어떻게 하냐고 물어보면 도서관에 가거나 그냥 읽지 않는다고 할 때도 있습니다. 이런 경우 둘째의 성향을 파악해서 둘째가 좋아하는 책을 사주는 것도 독서 동기를 북돋아 주는 좋은 방법입니다. 형제나 자매가 많아 원하는 책을 다 구매하지 못할 경우에는 이웃끼리 책을 교환해서 읽거나 중고서점에 안 읽는 책을 팔고 다시 새 책을 구매하는 방법도 있습니다.

독서에 입문하는 저학년 때일수록 아이가 좋아하는 책을 먼저 읽히는 것이 좋습니다. 대신 아이 혼자 읽기 보다는 부모님이 아이 옆에서 같이 읽어주는 것이 바람직합니다. 유아기 때만 책을 읽어 준다고 생각하지만 그건 잘못된 생각입니다. 아이가 독서 습관을 잘 들이기 위해서는 초등학교 6학년 때까지 부모님이 함께 독서하는 것이 좋습니다. 특히 저학년일 경우에는 부모님이 옆에서 질문을 던지며 함께 읽으면 책에 대한 아이의 흥미를 높일 수 있습니다.

> **Tip 이렇게 해보세요!**
>
> 어휘가 가장 폭발적으로 발달하는 초등학교 2학년 시기에는 그림이 있는 책을 줄이고 어휘 관련 책들을 흥미롭게 읽을 수 있도록 도와주세요. 하지만 책을 멀리했던 아이의 경우에는 책에 대한 거부감이 있기 때문에 글밥이 적고 그림이 많은 책들을 선택해서 책을 쉽게 접할 수 있도록 하는 것이 아이의 독서력 향상에 좋습니다.
>
> 제일 좋은 건 아이와 함께 서점에 가는 것입니다. 책을 읽기 싫어하는 아이 에게는 특히 서점 방문이 동기부여가 될 수 있습니다. 아이가 책을 선택했을 때는 아이가 책에 대한 책임감을 가질 수 있도록 아이가 직접 계산을 하도록 하세요. 아이가 직접 책을 구매하면 책에 대한 애착이 늘어나고 책을 소중히 여길 수 있게 됩니다.

책을 고를 때 부모님의 강요는 오히려 독이 될 수 있습니다. 독서 계획을 세울 때도, 독서 목록을 만들 때도, 부모님이 아이에게 읽게 하고 싶어 하는 책을 먼저 보여주고 나서 아이가 선택할 수 있게 해야 합니다.

Summery!

- 책을 고를 때 부모님의 강요보다는 아이가 스스로 자신이 읽을 책을 선택하고 부모님이 나이에 맞는 책을 권장해주는 것이 좋습니다!

- 어휘가 가장 폭발적으로 발달하는 초등학교 2학년 시기에는 그림이 있는 책을 줄이고 어휘 관련 책들을 읽을 수 있도록 도와주세요!

- 저학년의 경우 아이 혼자 읽는 것보다 부모님이 옆에서 질문을 던지며 함께 읽으면 책에 대한 아이의 흥미를 높일 수 있습니다.

05
책꽂이 정리는 어떻게 해야 할까?
① 분류하기

도서관에 가면 왜 책이 잘 읽힐까요?
　도서관 책꽂이에는 책이 잘 분류되어 있어 원하는 책을 손쉽게 찾아 읽을 수 있습니다. 아이들은 주변 분위기에 많은 영향을 받습니다. 도서관은 책을 읽는 사람들이 많아 집중할 수 있는 분위기가 형성되어 있기 때문에 다른 곳보다 책을 읽기 좋죠. 무엇보다 도서관은 서가의 책이 잘 분류되어 있어서 아이 스스로 원하는 책을 손쉽게 찾아 읽을 수가 있습니다. 자신이 읽고 싶은 책을 찾아 읽는 일련의 과정은 아이에게 독서를 하고자 하는 동기부여를 더 끌어 올릴 수 있게 만들어 줍니다.

　독서를 잘 하는 아이의 집에 방문했을때 가장 눈에 띄는 것은 잘 정리된 책꽂이 입니다. 반면 독서에 집중하지 못하는 아이의 책꽂이는 어수선하게 방치되어 있는 경우가 많습니다.

한때 거실 한 쪽 벽면에 TV 대신 책꽂이를 놓는 인테리어가 유행한 적이 있습니다. 아이의 독서 환경을 조성해준 다는 명분 아래 열풍이 불었었죠. 하지만 책꽂이를 크게 만들어 많은 책을 꽂아 놓는다고, 아이가 책을 잘 읽는 것은 아닙니다. 책꽂이에 꽂힌 책이 그대로 몇 년을 가는 경우도 허다합니다.

아이가 독서에 본격적으로 입문하는 나이인 7세부터는 책꽂이 정리를 반드시 해주어야 합니다. 부모님과 아이가 함께 주기적으로 정리하는 것이 가장 좋습니다. 목표를 세워서 아이와 함께 정리하면, 아이는 자연스럽게 책에 대한 관심을 갖게 됩니다. 또한 비어 있는 책꽂이를 채워나가는 것도 독서를 독려하고 동기부여를 만들어 줄 수 있습니다.

그렇다면 어떻게 책꽂이를 정리하는 게 좋을까요?
대부분 구입한 순서대로 책을 꽂아 두는 경우가 많습니다. 특별한 기준 없이 빈 책장에 구입한 책을 꽂아 두기 때문에 책꽂이 정리가 반드시 필요합니다. <u>가장 먼저 해야 할 일은 아이가 자주 읽어서 손때가 짙거나 너덜너덜해진 책들을 따로 분류하는 것입니다.</u> 이 후 아이의 의견을 물어보고 동의 하에 버리는 것이 좋습니다. 만약 아이가 당장 버리는 것을 원하지 않는다면, 낡은 책들은 아이 손이 닿지 않는 가장 위쪽에 꽂아두고, 아직 손을 타지 않은 책들을 아이 눈높이에 맞게 비치합니다.

책꽂이 정리 작업을 할 때 가장 중요한 것은 부모님이 게을러지지 않는 것입니다. 큐브처럼 책꽂이에 있는 <u>책들의 자리를 주기적으로 바꿔주는 것이</u> 아이의 독서학습을 향상시키는데 큰 비중을 차지합니다.

부모님과 상담을 해보면 큰 책장 하나만을 구매하는 경우가 많은데, 이때 작은 책꽂이를 하나 더 마련하라고 권합니다. 다 읽은 책을 작은 책꽂이로 옮겨 정리할 수 있기 때문입니다. 보통은 다 읽은 책을 스티커로 분류하는 경우가 많은데, 빈 책장을 다 읽은 책으로 채워 나가는 것이 아이의 독서욕구를 자극하면서 자연스럽게 책꽂이 정리를 할 수 있는 일석이조의 방법이 될 수 있다고 알려드립니다. 아이가 바로 읽어야 하는 책들은 아이 눈높이에 꽂아 두고 그와 관련된 책들을 주변에 꽂아 두면, 아이 스스로 마인드맵을 만들어 읽었던 책과 연결하여 읽을 수 있게 됩니다.

갈수록 아이들의 독서력이 떨어지고 있기 때문에, 책꽂이를 정리할 때도 아이의 독서욕구를 자극하는 것이 필요합니다. 책꽂이를 정리할 때 아이 눈높이에 맞추는 것보다가 중요한 것은 아이가 스스로 책꽂이를 정리하는 힘을 기를 수 있도록 돕는 것입니다. 어떤 책이 중요하고 어떤 책이 중요하지 않은지 분류하면서 정리하다 보면 자기가 더 읽어야 할 책들을 한눈에 파악할 수 있고, 부족한 독서 분야도 채울 수 있습니다.

아이의 성향과 관심사항을 잘 파악해두면 책꽂이 정리에 많은 도움이 됩니다. 여아의 경우 픽션에 강해서 스토리가 있는 책들로 쏠리는 경향이 있는데 책꽂이 사이사이에 자연관찰이나 생물분야 등의 논픽션을 꽂아 두면 자연스럽게 그 분야에도 관심이 가질 수 있습니다. 책장 정리할 때 관련 있는 것끼리 묶어보게 해서 아이들이 직접 분류할 수 있게 유도해 보는 것도 좋습니다.

Tip 이렇게 해보세요! <책 꽂이 분류>

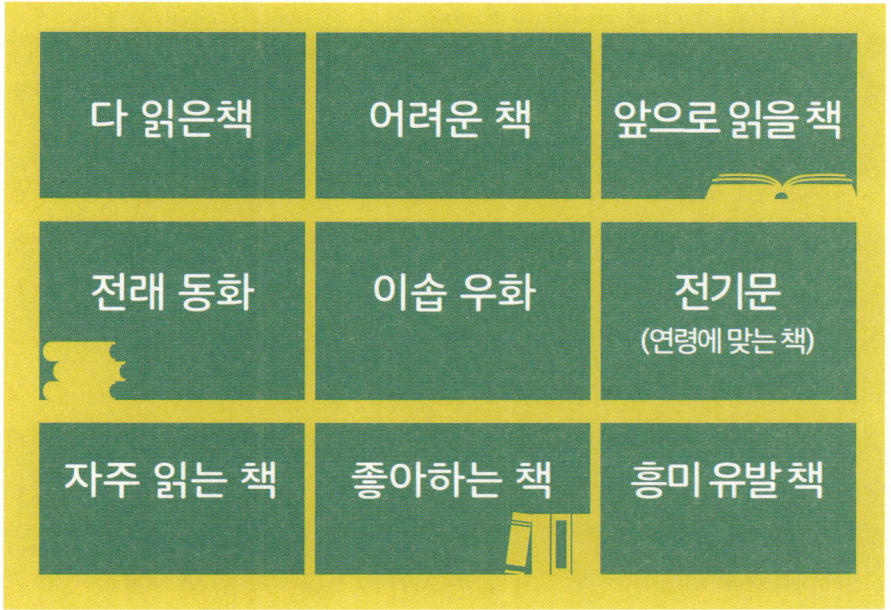

가족이 모두 함께 쓰는 책꽂이 정리는 이렇게 해보세요!

만약 온 가족이 함께 하나의 책꽂이를 사용하고 있다면 공간을 분리해야 합니다. 부모님의 책과 아이의 책을 따로 정리합니다. 대신 그 사이에 가족 모두가 같이 읽을 수 있는 책들을 꽂아두는 것이 좋습니다. 아빠가 아이에게 읽어줄 책이나 아이가 아빠에게 읽어줄 책을 정리해 꽂아 두는 방식도 좋습니다. 그렇게 되면 책꽂이 자체만으로도 아이의 흥미를 자극할 수 있어 예전보다 더 쉽게 독서에 접근할 수 있습니다.

아이만 혼자 쓰는 책꽂이라면 이렇게 정리해 보세요!

가족 책꽂이 대신 아이 방에만 책꽂이가 있는 경우, 장난감 수납함과 책꽂이가 구분이 안 될 정도로 정리가 되어 있지 않은 경우가 있습니다. 심지어 책꽂이에 장난감과 책이 뒤섞여 있는 경우도 많습니다. 이렇게 산만한 환경에서는 책보다 장난감에 손이 가기 마련입니다. 가능하면 장난감은 모두 정리해서 베란다에 따로 치워두고, 오로지 독서에 집중할 수 있는 환경을 만들어 주는 것이 필요합니다. 책꽂이 앞에 원탁 테이블을 비치해 아이가 책을 읽을 수 있게 조성해주는 것도 방법입니다. 아이가 자신만의 책 읽는 공간에 친구들을 초대해 같이 책을 읽으면 독서에 흥미를 가질 수 있습니다.

저학년 때 책꽂이 정리를 제대로 하지 않으면 아이들은 책꽂이를 장식품으로 생각할 수 있습니다. 부모님이 책을 사다 꽂아두는 경우가 많기 때문에, 아이를 위해 샀지만 정작 아이는 책에 흥미를 느끼지 못하는 것입니다. 어렸을 때부터 부모님과 함께 책꽂이를 정리하는 습관을 들이면, 책에 대한 개념이 확실하게 잡혀 독서를 소홀히 하지 않게 됩니다. 책꽂이가 잘 정리되어 있을 때 아이가 집중해서 책을 읽을 수 있습니다. 아이의 독서력 향상을 위해서는 책꽂이를 많은 책으로 채우는 것보다 책꽂이를 제대로 정리하는 것이 중요합니다. 책을 읽는 일은 엄청난 집중력을 요구하는 일입니다. 정신이 산만하면 책에 집중하지 못하기 때문입니다. 오늘부터 당장 책꽂이 정리를 시작하세요!

Summery!

책꽂이 정리는 독서에 대한 동기 부여의 첫 걸음입니다!

아이의 눈높이에 맞춰 독서 욕구를 자극할 수 있도록 정리하는 습관을 길러주세요!
아이가 독서에 본격적으로 입문하는 나이인 7세부터는 반드시 책꽂이 정리를 해주어야 합니다. 목표를 세워서 책꽂이를 아이와 함께 정리하면 아이는 자연스럽게 책에 대해 관심을 갖게 됩니다.

1. 아이의 성향과 관심에 따라 책을 분류해서 정리합니다.
2. 책꽂이에는 오로지 책만 꽂아 주세요. 아이를 산만하게 하는 장난감은 치워주세요!
3. 부모님과 아이가 함께 동참해서 주기적으로 정리합니다.
4. 가족이 함께 쓰는 책꽂이일 경우 부모님의 책과 아이의 책을 분류해서 정리합니다.

06
책꽂이 정리는 어떻게 해야 할까?
② 책 골라내기

책꽂이에 좋은 책들이 이렇게 많은데 왜 우리 아이는 독서를 싫어할까? 만약 지금 이렇게 생각한다면 지금 당장 책꽂이를 자세히 관찰해 보세요!

요즘 부모님들은 자녀를 위해 많은 책을 구매합니다. 하지만 대부분 아이가 아닌 부모님이 선택한 책들이죠. 주변의 이야기를 듣고 책을 구매하는 경우가 많은데 사실 이런 책들은 아이의 흥미와는 전혀 상관없는 책이기 쉽습니다. 이런 책들이 책꽂이에 많을수록 아이가 책에 접근하는 횟수가 줄어들 수 밖에 없습니다. 처음 던졌던 질문의 답이 여기 있습니다. <u>아이의 흥미와 상관없는 책들은 될 수 있으면 책꽂이에서 골라내는 것이 좋습니다.</u>

책꽂이 정리를 할 때 가장 중요한 것은 평상시 아이가 좋아하는 책들을 아이의 손이 닿는 곳으로 옮겨 주는 것입니다. 관심 없는 책들은 아이의 시선에서 가장 먼 곳으로 옮겨주세요. 아이가 책을 쉽게 접할 수 있게 하는 것이 책 골라 내기의 목적입니다. 책 장르에 따라 학년이나 연령별로 읽어야 할 책들이 있기도 하죠. 아이가 좋아하는 책 사이에 한 두 권씩 꽂아 두면 자연스럽게 읽게 되어 좋습니다.

아이가 저학년이라면 흥미를 유발하면서도 읽기 쉬운 전래동화나, 이솝우화 같은 책은 아이 손이 잘 닿는 위치에 꽂아 둡니다. 위인전 같은 경우, 위인전을 읽고 난 후 인물이 살았던 시대 및 역사적 배경에 대한 궁금증을 역사책으로 자연스럽게 옮겨갈 수 있도록 책의 순서를 바꿔주는 것도 부모님이 해주어야 할 일입니다. 아이 방에 있는 책꽂이를 보면 처음 꽂아둔 채로 몇 년을 가다가 이내 장식품으로 전락하는 경우가 많습니다. 특히 전집 종류의 책은 한 번 읽고 나면 손이 잘 가지 않습니다. 이럴 때는 이웃 아이의 책과 교환해서 읽는 다거나 책 품앗이를 통해서 함께 보는 방법도 있습니다. 같은 제목의 전집이라고 해도 출판사마다 다른 관점으로 쓰여지기 때문에, 다른 시각으로 아이들은 책을 읽어 볼 수 있습니다. <u>책을 묵히지 않고 다채롭게 활용하는 것 또한 책 골라내기를 하는 큰 이유중 하나입니다.</u>

사실 아이에게 책꽂이에서 적당한 책을 골라 읽히는 것은 무척 어려운 일입니다. 요즘엔 공부는 물론 아이가 좋아하는 것을 잘할 수 있도록 이끄는 학습이 중요한 시대입니다. 책을 고르는 것도 마찬가지입니다. 아이가 평상시에 관심 있어 하는 책을 읽을 수 있도록 도와줄 수 있어야 합니다.

> 예를 들어 과학에 관심이 있는 아이라면 위인전 중에서도 과학자에 대한 책을 읽을 수 있게 골라줍니다. 아이가 좋아하는 분야를 시작으로 조금씩 독서영역을 넓혀가면 자연스럽게 좋은 독서습관을 기를 수 있습니다. 과학을 좋아하는 아이는 특히 어휘력이 좋은 친구들이 많습니다. 단어 뜻을 많이 알고 있는 만큼 어휘력을 요하는 책을 골라주는 것도 좋습니다. 또 스토리에 강한 아이 같은 경우 이야기책 위주로 골라주면 독서 습관을 들이는 데 도움이 됩니다. 모든 건 우선 아이의 성향을 잘 파악하고 나서야 가능한 이야기입니다.

아이에게 도움이 될 만한 책을 골라서 읽혀주는 것도 좋습니다. 바빠서 서점이나 도서관에 자주 갈 수 없기 때문에 다양한 책을 구입해 놓고 반응을 보는 것도 나쁘지 않습니다. 학년마다 관심 분야가 달라지기 때문에 2학년 때 손도 안대던 책을 3학년에 가서 읽는 아이들도 많습니다.

내성적인 아이는 대화하듯 책을 읽는 경향이 있습니다. 고난을 극복한 위인전 같은 책을 골라서 읽게 하면 실제 용기를 낸 주인공처럼 자신도 용기를 가질 수 있다고 생각하게 됩니다. 책을 통해 아이의 성격도 바꿀 수가 있는 것이죠. 그래서 부모님이 먼저 책의 내용을 파악하는 게 중요합니다. 사실을 중요시하는 아이들은 역사책을 빨리 접할 수 있도록 해줍니다. 역사책은 전집으로 구매해서 아이가 궁금해 하는 점을 충분히 해소할 수 있게 해주면 좋습니다.

부모님이 아이의 성격이나 성향을 빨리 파악할수록 아이는 관심분야의 책을 더 빨리 접할 수 있습니다. 하지만 부모님이 아이의 성향 파악을 제대로 하지 못하면 재미있는 책을 접하기 전에 아이의 흥미가 다른 것으로 옮겨 갈수가 있습니다. 게임에 빠진 아이들이 그런 경우입니다. 학년이 올라갈 때마다 적절한 시기에 책을 바꿔줘야 하는데, 그렇지 못하면 아이는 책에 대한 흥미를 금새 잃어버리고 맙니다.

저자가 가르쳤던 학생 중 초등학교 2학년에서 3학년으로 올라가는 한 남자 아이도 그랬습니다. 부모님이 책을 골라주는 작업을 잘 해오다가 어느 순간 아이에게 맡겨놓고 신경을 쓰지 않았는데 아이가 책을 놔버린 경우였습니다. 저학년 초등단계에서는 학년마다 책꽂이에서 책을 골라주는 작업을 놓치지 않고 꾸준히 해줘야 합니다. 어떤 책을 읽을 지 목록을 만들어 시각적으로 자주 보여주는 것이 좋습니다. 초등학교 1학년 때 읽었던 책, 2학년 때 읽었던 책의 목록을 아이에게 보여주면 아이 또한 독서에 대해 보람을 느끼게 되고 이는 동기부여로 이어집니다. 아이에게 독서에 대한 뿌듯함을 느끼게 해주는 것이 중요합니다.

책 목록을 정리한 다음 기억나는 책을 동그라미 쳐보라고 해주세요. 만약 기억하지 못하는 책들이 있다면 그 책을 다시 읽게 하는 것도 방법입니다. 아이가 읽었던 책을 기억하지 못하는 것은 독후활동을 게을리 했기 때문입니다. 책을 읽고 나면 반드시 메모할 수 있도록 도와주세요.

책 골라내기를 할 때 주의할 점은 부모님의 강요로 하면 안 된다는 것입니다. 항상 강조하지만 아이의 의견이 반영된 독서가 가장 중요합니다. 부모님과 아이가 50대 50으로, 아이가 좋아하는 책 절반, 부모님이 읽었으면 하는 책 절반으로 책을 고르는 게 좋습니다. 부모님의 일방적인 책 골라내기는 무의미합니다. 어차피 책을 읽어야 할 사람은 아이입니다. 누군가의 강요로 책을 읽게 되면 언젠가 아이는 책을 읽지 않게 되고 그 책은 또다시 책꽂이에 장식을 하게 되는 악순환이 반복됩니다. 책꽂이를 부모님과 아이가 함께 채워나가는 것이 가장 좋습니다. 아이와 함께 독서 계획을 세울 수 있는 월별로 책 골라내기 방식을 추천해주고 싶습니다.

> 예를 들어, 12월에 읽고 싶은 책 5권, 학습에 도움되는 책 5권, 부모님이 추천해주는 책 5권, 이렇게 총 15권을 책꽂이에 정리합니다. 그런 다음 읽은 책에 대해서 간단한 줄거리 메모를 하거나 추천 글을 쓰는 방식으로 독서 계획을 세웁니다. 한달 동안 독서 계획이 잘 지켜질 수 있도록 지지해 주고, 아이가 계획대로 잘 지켰다면 원하는 것을 한가지 보상해주는 것이죠.

처음에는 부모님과 아이가 고르는 책의 비율이 반반이었다면 학년이 올라갈수록 점점 아이 스스로 책을 골라내는 비율을 높여가야 합니다. 책꽂이 한 칸을 전부 아이가 선택한 책으로 채울 수 있도록 좋은 책을 스스로 골라내는 법을 훈련하는 것입니다.

Tip 이렇게 해보세요! <독서계획 세우기> 예시

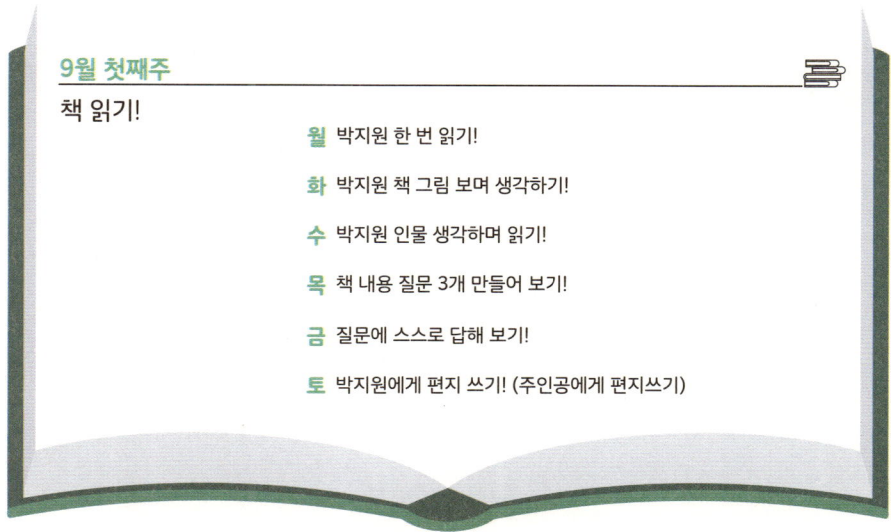

9월 첫째주
책 읽기!

- **월** 박지원 한 번 읽기!
- **화** 박지원 책 그림 보며 생각하기!
- **수** 박지원 인물 생각하며 읽기!
- **목** 책 내용 질문 3개 만들어 보기!
- **금** 질문에 스스로 답해 보기!
- **토** 박지원에게 편지 쓰기! (주인공에게 편지쓰기)

Summery!

꼭 필요한 책 골라내기!

아이가 좋아하는 분야별로 책을 골라내서 독서를 할 수 있도록 책 목록을 만들어 주세요! 월별로 아이가 읽을 책을 미리 선별해서 정해 두는 것도 좋습니다.

1. 제일 좋아하는 책들을 아이의 손이 닿을 수 있는 곳으로 옮겨 주기!
2. 읽은 책과 읽지 않은 책의 순서를 주기적으로 바꿔주기!
3. 읽어야 할 책 목록을 만들어 시각적으로 보여주기!
4. 부모님의 일방적인 책 골라내기가 아니라 아이의 의견을 존중해주기!

07
책꽂이 정리는 어떻게 해야 할까?
③ 책 버리기

버려야 채워진다! 책꽂이도 마찬가지입니다. 책꽂이 정리에서 꼭 빼놓지 말아야 할 습관은 책을 버리는 것입니다. 무턱대고 버리라는 것이 아닙니다. 아이가 있는 대부분의 집에는 유아기 시절부터 아이에게 읽어줬던 책들이 책꽂이에 그대로 꽂혀 있기 마련입니다. 아이가 한글을 떼기도 전부터 미리 많은 책을 사 놓은 집들도 많습니다.

하지만 아이들은 금방 자라기 때문에 유아기 때 책들은 아이가 크고 나면 전혀 활용할 수 없습니다. 이런 책들은 미련 없이 빨리 버려야 합니다. 아이들은 시기적절한 책들을 읽어나가야 합니다. 아이가 애착을 가지는 책 한두 권 정도는 빼더라도, 나머지 책들은 과감히 정리하는 것이 아이의 독서 능력 향상에는 더 좋습니다. 그리고 새롭게 생긴 빈 책장을 새 책으로 채워 넣는 것입니다. 쉽게 책을 읽히기 위해 만화책을 권했다가 아이가 너무 빠져들어 다른 책을 읽히지 못하는 경우도 많죠. 아이의 어휘가 부족할 때 사줬던 학습만화책도 될 수 있으면 치워주는 것이 좋습니다.

앞서 지적한대로 학습만화는 완벽한 문장이 아닌 짧은 대화체가 주를 이룹니다. 의성어, 의태어가 반복되는 불필요한 어휘가 많기 때문에 과감히 정리하는 게 좋습니다. 학습만화를 지나치게 가까이 하다 보면 그림이 없는 책들을 읽기 힘들어 하는 경향을 보이기 쉽습니다. 학년이 올라갈수록 그림보다는 글밥이 많아집니다. 1~2학년의 교과서만 보더라도 한 페이지가 모두 글밥일 정도입니다. 학습만화만 봐왔던 아이들은 교과서를 소화하는 것도 힘들어 합니다. 특히 호흡이 짧은 만화책을 읽은 아이들은 긴 문장을 기피하게 되는 경우가 있습니다. 대화로만 이루어진 글을 읽어서 그렇습니다. 만화책들은 가능하면 멀리할 수 있게끔 책꽂이 맨 위로 놓거나 아이가 찾지 않을 경우에 빨리 버리는 게 좋습니다. 신기하게도 아이들은 자신들의 눈에 보이는 책만 읽는 경향이 있습니다. 학습만화라도 읽으면 도움이 되지 않을까 생각하시는 부모님이 있지만 아이들은 부모님의 생각보다 빠르게 자랍니다. 아이에게는 1년이 그리 길지 않습니다. 빠르게 학년이 올라가기 때문에 그런 책들을 버리지 못하고 놔두면 아이의 어휘력은 늘지 않고 독서에 대한 집중력도 떨어지기 마련입니다. 뒤처지는 건 한 순간입니다.

책꽂이를 정리하면서 버리려고 모아둔 책을 활용할 수도 있습니다. 아이와 함께 책을 판매해보는 것입니다. 자신이 읽었던 책들을 팔고 그 돈으로 새 책을 구매하면 책의 소중함과 더불어 돈의 소중함도 느낄 수 있습니다. 아이의 생활 속에서 자연스럽게 책에 대한 흥미를 유도하는 것입니다. 미루다 보면 어느새 아이는 3학년으로 올라가 있습니다. 아이가 그 시기에 읽어야 했던 책들은 읽지 못하고 지나가 버리게 되는 것이죠.

버릴 책을 활용하는 방법

1. 아이와 함께 책 판매하기
- 아파트 단지나 동네에서 하는 아나바다 또는 학교에서 하는 알뜰 시장 활용하기

2. 중고서점에 책 되팔기
- 읽었던 책을 중고로 판매하고 얻은 수익으로 새로운 책을 구매할 수 있습니다.

3. 최후까지 판매되지 않은 책은 고물상으로 고고!!
- 티끌모아 태산! 아이의 독서통장에 저축해 독서 흥미를 유발합니다.

> **Tip 이렇게 해보세요!**
>
> **동생이 있는 경우**에는 동생이 관심 있어 하는 책을 골라 따로 공간을 만들어 주고, 큰 아이의 책들 위주로 책장을 따로 꾸며주는 것이 좋습니다. 아이가 직접 버릴 책들을 책꽂이에서 골라 박스에 담게 합니다. 아이가 버리지 못 하는 책이 있을 때는 한번 만 더 읽고 버리자 라고 합의를 해서 다음에는 꼭 버리게 만듭니다. 학년은 빠르게 바뀌기 때문에 새로운 책을 교환하는 것이 아이의 독서습관을 키워줄 수 있습니다. 당장 있어야 할 책들이 많기 때문에 겹치는 책 같은 경우는 과감히 정리해보세요. 단, 위인전은 초등학교 전 학년에 걸쳐서 교과서에 나오기 때문에 남겨두는 것이 좋습니다. **위인전은 전집보다는 중요한 인물을 낱개로 구매하는 것이 더 효율적입니다.**

Summery!

정리는 버리기부터다!

아이들이 많이 읽은 책은 과감히 치워주세요! 대신 아이와 함께 좋아하는 책으로 책장을 정리해 나가면 아이의 독서 흥미를 충분히 자극할 수 있습니다.

1. 연령대 별 읽어야 할 책들로 꾸준히 바꾸어 줍니다.
2. 아이가 애착을 갖는 책 한 두 권을 제외하고 오래된 책은 치워주세요.
3. 위인전은 전집보다는 중요한 인물 위주로 개별 구매합니다.
4. 형제·자매가 있는 경우 책꽂이를 따로 정리해 주는 것이 좋습니다.

08
왜 소리내서 책을 읽어야 할까?

저자가 수업하는 초등 1~2학년 대상의 책은 25페이지 내지 40페이지 정도의 분량입니다. 이를 3~4명이 돌아가면서 낭독을 할 경우 15~20분 정도가 소요됩니다. 처음 읽을 때는 모르는 단어가 나오거나 발음이 서툴러 다소 시간이 걸리지만 읽는 훈련을 꾸준히 반복하면 읽기능력이 자연스럽게 향상되고 시간도 단축됩니다. 고학년들도 낭독을 시켜보면 읽기에 더 집중하는 경우가 많습니다. 처음부터 끝까지는 아니더라도 낭독을 하는 습관은 독서에 집중할 수 있도록 도와줍니다.

유태인은 책을 큰 소리로 읽고 토론하는 것을 좋아합니다. 심지어 그들은 도서관 안에서도 시끄럽게 떠듭니다. 그들이 이렇게 큰소리로 말하는 것은 지식을 온몸으로 체득하기 위함입니다. 유태인의 이러한 공부방식은 그들이 세계에서 큰 힘을 발휘 하게 만드는 원천이 되고 있습니다.

　이스라엘에 있는 도서관 예시바에서는 2명씩 짝을 이루어 한 주제에 대해 토론을 하는 모습을 볼 수 있는데 다른 사람과의 의견을 나누고 소통하는 것이 진정한 공부라고 여기기 때문이라고 해요.

　<u>낭독을 하면 글자를 눈으로 읽고, 입으로 뱉어 내고, 귀로 다시 듣기 때문에 단어를 세 번 익히게 됩니다.</u> 그래서 책을 처음 읽을 때는 큰소리로 낭독을 하는 게 좋습니다. 낭독 이후 눈으로 읽는 정독, 다음이 속독입니다. 낭독 이전에 속독을 해버리면, 놓치는 어휘가 많아집니다. 아이들이 큰소리로 책을 읽으면 모르는 어휘를 빨리 찾아 낼 수 있습니다. 예를 들어 '공감'이라는 단어를 '감공'이라고 읽었다고 합시다. 이 아이는 '공감'의 뜻을 모르기 때문에 거꾸로 읽은 것입니다. 소리 내어 읽지 않으면 파악하기 힘든 부분입니다.

　저자의 독서수업에서는 2학년 때까지 소리 내서 읽기 수업을 합니다. 수업을 진행하다 보면, 낭독하는 아이가 단어의 뜻을 모를 때 자신도 모르게 바꿔 읽는 것을 볼 수 있습니다. 그럴 때 함께 수업을 듣는 아이가 잘못 읽은 부분을 고쳐 주기도 합니다.

　소리 내서 읽기는 모르는 어휘나 틀리게 발음하는 어휘를 찾아 낼 수 있다는 장점이 있습니다. 또한 낭독을 하다 보면 목소리에 힘이 생기고 아이의 자신감이 올라갑니다. 학교에서 움츠리지 않고 자신감 있게 발표할 수 있게 되는 것이죠. 요즘 초등학교에서는 발표나 토론 방식의 수업이 많기 때문에 친구들 앞에서 자신의 생각을 정확하게 표현하는 것이 무척 중요합니다. <u>낭독은 아이의 발표력에도 큰 도움을 줍니다.</u>

　1~2학년은 수업 전에 3번, 수업에서 다시 한번 낭독을 합니다. 3~4학년은

수업 전에 미리 낭독하게 하고 수업시간에는 묵독을 시킴으로써 내용을 다시 정리하는 시간을 줍니다. 낭독과 묵독을 해온 아이들은 자연스럽게 정독을 거친 뒤 속독으로 이어져 고학년들이 읽는 두꺼운 책도 집중해서 읽을 수 있게 됩니다.

가끔 아이들에게 낭독을 시켜 보면 문장 끝이 '했습니다' 로 끝나는데 '했어요' 라고 말하는 아이가 있습니다. 이 아이의 눈에는 글자가 그렇게 보이는 것입니다. 어른이 보기에는 아이가 마음대로 고쳐 읽었다고 생각하겠지만 사실 이 아이는 글자가 그렇게 보이기 때문에 그렇게 읽은 것뿐입니다. 틀렸다는 것을 모르기 때문이죠. 조사를 빼먹고 읽는 아이도 많습니다. 조사를 인지 하지 못하기 때문입니다. 이런 현상은 낭독을 하지 않고 눈으로만 대충 책을 읽은 아이들한테서 주로 나타납니다.

(낭독→묵독→정독→속독)

<u>단어를 끊어서 정확하게 소리 내어 읽다 보면 모르는 어휘를 익히고 잘못 알고 있는 단어를 바로 배울 수 있습니다.</u> 그래서 큰 소리로 정확하게 읽는 것은 저학년 시기에 특히 중요합니다. 7살부터 9살 때까지의 시기는 어휘가 폭발적으로 늘어나는 시기이기 때문에, 어휘를 정확하게 배워야 합니다. 성인이 됐을 때 생활 속에서 사용하는 기본적인 어휘를 이 시기에 모두 배운다고 해도 과언이 아닙니다.

낭독을 통해 띄어 읽기가 안 된다는 것을 알게 된 경우도 있습니다. 이런 아이는 3학년에 올라가 글쓰기 수업을 본격적으로 받게 되면 정확한 문장을 쓰는 데 어려움을 느낍니다. 완벽한 문장을 소리 내서 읽어 본적이 없고, 눈으로만 건성건성 읽어왔기 때문입니다. 소리 내서 읽지 않으면 아이는 모르는 어휘나 풀이말, 주어, 조사 등 인지하지 못하는 부분을 그냥 넘겨버리기 쉽습니다. 부모님이 아이의 이런 문제를 저학년 때 파악하지 못하면 고학년에 올라가서 여러 어려움을 겪게 됩니다.

낭독은 단순히 글자를 소리 내어 읽는 것이 아닙니다.
소리 내서 읽으라고 하면 아이들은 몸부터 꼬기 십상입니다. 책에 더 집중을 해야 하기 때문에 힘들어 하는 것이죠. 또 소리 내서 읽으면 그만큼 시간이 더 걸려서 대부분의 아이들이 '눈으로 읽으면 안돼요?' 라고 말할 정도로 어렵게 생각합니다. 낭독은 눈과 소리가 글자를 따라 가야 하는 복합적인 행위입니다. 때문에 낭독을 잘 하기 위해 노력하다 보면 다양한 능력을 기를 수 있습니다.

무엇보다 아이는 책 내용에 자연스럽게 집중하게 됩니다. 책을 소리 내어 읽으면 저도 모르게 이야기에 빨려 들어가 등장인물에 감정이입을 더 잘 할 수 있습니다. 구연동화를 할 정도로 인물의 역할에 흠뻑 빠져들게 되는 것입니다. 큰소리로 독서를 했던 아이들은 실감나게 캐릭터를 살려 읽는데 반해 그렇지 않았던 아이들은 무미건조하게 책을 읽는 경우가 많습니다.

감정 전달이 안 되고 표현력이 부족한 아이들을 찾아 낼 수도 있습니다. 책을 읽을 때 감정을 살려서 목소리를 바꾸어 읽는 아이들이 있습니다. 부모님이 아이에게 책을 실감 나게 읽어주면, 혼자 책을 읽을 때도 부모님과 했던 대로 따라 읽는 경우가 있습니다. 이런 경우는 책에 대한 흥미를 높이고 아이가 훨씬 재미있게 책 내용에 빨려 들어 가게 도와줍니다. 또한 아이가 방에서 책을 읽을 때는 거실에서도 들릴 정도로 큰 소리로 읽게 하는 것이 좋습니다. 아이가 소리 내어 책을 읽을 때 조용히 하라고 제지하지 않고 책 읽는 시간을 존중해 주는 것이 중요합니다.

제대로 된 낭독은 문제풀이 향상에도 영향을 미칩니다. 요즘 아이들은 답을 몰라서 틀리는 경우보다 문제를 제대로 읽지 않아서 실수로 틀리는 경우가 많습니다. 수업을 할 때 아이들에게 문제를 읽게 한다든가 모르는 단어가 나오면 설명해 보라고 하는 경우가 종종 있습니다. 한 문장이라도 정확하게 이해하고 넘어가는 것이 중요하기 때문입니다. 고학년의 경우에도 지문이 나오면 눈으로 읽기보다 소리 내어 읽기를 자주 시키는데 이해력도 빨라지고 집중력에도 효과가 있는 편입니다.

> **Tip 이렇게 해보세요!**
>
> 낭독을 처음 할 때는 글이 많은 두꺼운 책보다 동시집을 먼저 읽히는 것을 추천합니다. 동시는 글자가 적기 때문에 아이도 부담 없이 쉽게 읽을 수가 있습니다. 초등1~2학년 시기에 읽히는 것이 적당합니다. 동시에는 감정이 함축되어 있기 때문에 정서적으로도 많은 도움이 됩니다. 또한 동시집에는 꼭 필요한 단어만 쓰여 단어를 습득하기에도 용이합니다. 낭독이 익숙하지 않은 아이라면 갑작스럽게 문장이 긴 책을 소리 내서 읽기 힘들기 때문에 한 페이지씩 돌아가며 읽게 하는 것도 좋은 방법입니다. 산문 같이 짧은 글을 읽게 하는 것도 도움이 됩니다. 소리 내서 읽기 싫어하면 부모님과 아이가 한 페이지씩 번갈아 읽거나 역할을 나눠서 읽는 것도 괜찮습니다.

큰 소리로 낭독하는 건 무엇보다 아이들의 학습태도에도 변화를 가져다 줄 수 있습니다. 눈으로 읽는 것보다 소리내서 읽을 때 책의 내용을 기억하기 쉽습니다. 또 목소리가 작고 소극적인 아이들은 낭독 훈련을 통해 자신감을 찾을 수도 있습니다. 낭독을 많이 해 본 아이는 말을 할 때도 자신감이 있기 때문에 발표력은 물론 친화력도 좋아집니다. 굳이 돈을 내서 웅변학원에 보낼 필요가 없습니다. 소리 내서 책을 읽는 연습만 해도 스피치 능력은 향상되기 마련이니까요. 저학년 때 낭독 훈련을 했던 아이들의 진가는 고학년으로 올라갈수록 빛을 발하게 됩니다. 각종 영상을 제작하거나 조별로 과제를 해결하는데 많은 도움이 되죠.

소리 내어 읽기는 저학년 때 습관을 들여놓으면 이후 깊이 있는 내용을 이해할 수 있는 좋은 독서놀이입니다. 자녀가 아직 1~2학년이라면 지금 당장 소리 내서 읽기를 시작해야 합니다.

낭독관련 놀이
역할 정해서 읽어보기
글밥과 그림 부분으로 나누어 번갈아가며 읽기

Summery!

하루 10분 낭독으로 우리 아이의 독서 자신감이 커집니다!

소리 내서 읽는 낭독 훈련은 단어를 집중해서 봐야 하기 때문에 집중력 향상과 학습 태도에 큰 영향을 미칩니다. 1,2학년일 경우 지금 바로 낭독 읽기가 필요합니다.

- 큰소리로 읽다 보면 모르는 어휘를 빨리 찾아 낼 수 있습니다.
- 낭독 훈련을 하게 되면 학교에서 발표를 할 때 자신감 있게 발표할 수 있습니다.
- 낭독을 처음 할 때는 글이 많은 두꺼운 책보다는 동시집을 먼저 읽히는 것을 추천합니다.
- 아이가 소리 내여 책을 읽을 때 조용히 하라고 제지하지 않고 책 읽는 시간을 존중해 주는 것이 중요합니다.

09
우리 아이는 왜
이상한 질문만 할까요?

"엄마! 여우가 왜 말을 해요?"

이솝 우화를 읽고 난 후 아이가 이런 질문을 한다면 어떻게 하시겠어요?
독서를 시작한 아이들은 어른들이 생각지도 못한 엉뚱한 질문을 하기 시작합니다. 어른들은 이솝 우화에서 여우가 말하는 것을 이상하다고 생각하지 않습니다. 그러나 이솝 우화를 처음 접한 아이에게는 여우가 말하는 것이 신기할 수 밖에 없죠. 여우는 사람이 아니니까요. 하지만 부모님은 아이의 질문을 진지하게 받아 들이지 못할 때가 많습니다. <u>부모님의 생각으로 아이의 생각을 재단해 버리면 안 됩니다.</u> 아이는 언제든 엉뚱하고 이상한 질문을 할 수 있다는 것을 염두에 두어야 합니다. 여우가 왜 말을 하냐고 물었을 때 책이니까 당연하다는 식의 대답을 하기보다는 다시 아이에게 질문을 던질 수 있어야 합니다. '왜 여우가 말을 하는 것 같아?' 라고 유도질문을 던지고 아이의 대답에 집중해줍니다. 그러면 아이가 책에서 여우가 했던 말들에 대해 이야기를 꺼내게 하세요. 그러면 여우가 어떤 말을 했고 왜 여우가 그런 말을 했는지에 대해 이야기를 나눌수 있습니다. 이렇게 되면 아이는 질문에서 벗어나 책에 나온 내용에 집중하게 되고 아이는 스스로 답을 찾아 갈 수 있게 됩니다. 다시 말해 아이의 엉뚱한 질문을 무시하지 말고 역으로 다시 질문을 던지면 좋은 방향으로 전환할 수 있는 것입니다.

저자의 독서수업에서는 7~13세까지 질문 위주의 토론 수업을 진행합니다.

> **'장화 신은 고양이' 를 읽고 난 후,**
> 아이의 질문 예) 고양이는 사람도 아닌데 왜 장화를 신고 다녀요?
> 부모님의 답변 예) 네 생각에는 왜 고양이가 장화를 신고 다니는 것 같니?
> (아이의 질문에 당황하지 말고 위의 답변과 같이 되물어 보세요. 책 내용에서 질문에 대한 근거를 찾으면서 독서에 집중할 수 있습니다.)

독서에서는 아이가 무심코 한 질문이라도 진지하게 받아들이고 집중해주는 것이 중요합니다. 많은 부모님들이 아이가 던지는 질문에 대해 왜 말도 안되는 질문을 하느냐는 반응을 보이는 경우가 있습니다. 이런 태도는 아이의 호기심을 억누르고 책에 대한 흥미를 줄어들게 만드는 요인으로 작용합니다. 아이의 질문을 칭찬해 주고 긍정적으로 받아들이는 모습을 보여주는 것이 중요합니다. 아이의 질문에 대한 부모님의 진지한 반응은 아이가 질문 하는 것을 두려워하지 않게 만듭니다.

독서는 물론 학습의 기본은 모르는 것에 대한 질문으로 시작됩니다. 그렇기에 아이의 질문을 무시하는 것은 학습의 기회를 박탈하는 것과 동일합니다.

자신이 한 질문이 여러번 무시되면 아이는 궁금해도 질문 자체를 두려워하거나 주저하게 됩니다. 유태인은 종종 도서관에서조차 엄청나게 시끄럽게 토론을 벌이는 것으로 유명합니다. 그들은 어렸을 때부터 자신의 의견을 주저없이 말하고 서로의 질문에 묻고 답하는 것이 몸에 베일 수 있는 교육을 받습니다. 하지만 우리나라는 질문을 하면 이상한 눈초리로 바라보거나 심지어 조용히 하라고 윽박지르기도 합니다. 학교에서조차 학생이 질문을 던졌을 때 선생님이 잘 받아 주지 않는 경우가 많습니다. 주변의 친구들은 오히려 질문을 한 아이를 이상하게 쳐다보기 일쑤입니다. 이러한 분위기 때문에 질문을 가지고 있는 아이는 자신이 이상하다고 생각하고 다음부터 질문을 꺼리기 쉽습니다. 질문이 많다는 건 알고 싶어하는 욕구가 강하다는 것입니다. 가정이나 학교에서 질문을 하기 어려운 환경을 만드는 것이 가장 안타깝습니다.

"아이가 엉뚱한 질문을 하는 시기는 고작 초등학교 1~2학년 때 뿐입니다."

아이가 처음 질문을 했을 때 가장 먼저 해야 할 일은 아이가 왜 이런 질문을 했는지 파악하는 것입니다. 그 후 아이와 부모님이 함께 문제를 해결하려는 자세가 중요합니다. 책을 읽고 나서 어느 부분이 궁금했는지 아이에게 질문을 던져 아이가 자연스럽게 이야기 할 수 있도록 유도합니다. 이 시간에는 모든 걸 아이의 기준에 맞춰야 합니다.

예를 들어 아이가 책에 대한 궁금증에 대해 질문을 했다고 가정합시다. 하지만 엄마는 지금 당장 해야 할 일이 있어 바로 대답할 여유가 없습니다. 이 순간 아이의 질문에 귀찮은 내색을 보여서는 안됩니다. 아이가 물어 봤을 때 무시하지 말고 긍정적인 반응을 보이는 것이 가장 중요합니다. "바쁘니까 나중에 답해줄게"라고 말하는 대신 하던 일을 잠시 멈추고 아이의 눈을 바라보며 진지한 자세를 보여야 합니다. 그 질문이 엄마에게는 중요하지 않을 수 있지만 아이에게는 중요한 일일 수도 있습니다. 지금 해야 할 중요한 일이 있지만 너의 질문을 위해서 잠시 일을 멈춘다는 것을 아이에게 설명하고 함께 아이의 질문을 해결려고 노력해야 합니다. 만약 지금 당장 답변하기 곤란한 상황이라면, 그 상황에 대해 아이에게 차근차근 설명해주는 것이 좋습니다. 매번 아이의 모든 질문을 받아줄 수는 없지만 최대한 진지하게 답변해 줄 필요가 있습니다. 아이의 질문을 건성으로 대하면 아이는 질문을 해 봤자 매번 무시당할게 뻔하다고 생각하게 되고 어느 순간 아이는 더 이상 질문을 하지 않게 됩니다. 아이가 부모님에게 질문하는 시기를 놓쳐버리는 것이죠.

아이가 부모님에게 질문을 많이 하는 시기는 고작 초등학교 1~2학년 때뿐입니다. 고학년이 되고 나면 질문은 커녕 대화조차도 하기 어려워지죠. <u>질문이 폭발적으로 느는 시기는 아이의 지적 호기심이 확장하는 시기라는 것을 명심해야 합니다.</u> 대다수의 부모님들은 이 기회를 놓치고 후회합니다. 저자가 독서지도를 할 때 부모님과 상담에서 꼭 빼놓지 않고 드리는 조언이기도 합니다. 저자는 토론 수업 전에 미리 아이들에게 하고 싶은 질문을 말할 수 있는 시간을 5분 정도 줍니다. 이렇게 하면 아이는 궁금증이 해소가 되기 때문에 다음 토론에 더 집중할 수 있게 됩니다.

아이가 하는 질문에는 아이의 생각이 담겨 있기 때문에 아이의 어휘력을 넓힐 수 있는 기회이기도 합니다. 아이가 질문을 하다 보면 궁금한 것을 상대방에게 설명해야 할 때가 있습니다. 상대방의 이해를 돕기 위해 말을 하다 보면 다양한 어휘를 사용하게 됩니다. 아이의 질문에 어른들이 적절한 후속질문을 해주면 더 많은 어휘를 사용할 기회를 가질 수 있죠. 부모님과 대화를 많이 하는 아이일수록 말을 할 때 막힘 없이 자연스럽습니다.

<u>또한 질문을 많이 하는 아이는 문제 해결 능력도 좋아집니다.</u> 질문을 통해서 해결하고자 하는 바를 얻을 수 있기 때문에 아이는 적절한 질문으로, 스스로 문제를 해결해 나가는 방식을 배우게 됩니다.

아이의 궁금증에 바로 대답하지 못하는 상황일 때는 아래와 같이 질문 리스트를 만들게 하세요. 이후 시간이 될 때마다 아이의 질문에 답을 해주시면 좋습니다.

<실제 저자의 독서수업을 받고 있는 아이가 만든 질문 리스트>

질문 리스트 만들기

2017년 6월 25일

문제 만들기

-왜 어부의 아내는 물고기한테 부탁해 달라고 했나요?

-답: 살려준 보답을 해야 하기 때문에

-왜 다시 아내는 황제가 된 다음에 예전 오두막 집에서 살게 되었나요?

-답: 욕심을 많이 부려서

2017년 7월 9일

문제 만들기

-왜 황소는 힘이 세졌나요?

-왜 돌쇠는 도깨비를 살려주었나요?

2017년 8월 2일

문제 만들기

-왜 키쉬는 작은 공을 만들었나요?

-왜 키쉬는 고기를 나눴습니까?

아이가 부모님에게 질문을 하는 것은 단순히 답을 알고 싶어하는 것 이상입니다. 아이의 질문은 부모님의 관심을 받고 싶다는 또 다른 표현이기도 합니다. 아이는 자신의 존재감을 확인 받고 싶어합니다. 이럴 때 부모님이 아이의 질문에 진지한 관심을 보이면 아이의 자존감이 높아집니다. 자신의 질문을 부모님이 중요하게 생각해 준다는 것을 느낄 때 아이의 질문 욕구가 상승됩니다. 독서에서도 칭찬은 아주 좋은 동기부여가 됩니다. 아이가 질문을 했을 때 말 한마디라도 "좋은 질문인데? 깊이 생각했구나"라고 칭찬을 해주면 좋습니다. 또한 엄마도 궁금했던 거라며 질문에 공감해주면 아이의 사고가 유연해지고 부드러워집니다. 부모님이 아이의 생각에 공감해 줄 때 아이는 부모님을 신뢰하게 됩니다. 어떤 이야기를 해도 공감해 줄 거라는 기대와 함께 자연스러운 대화가 이루어집니다. 아이의 공감능력 또한 향상되기 때문에 새로운 문제에 부딪혀도 차분히 사고할 수 있습니다.

아이가 질문을 많이 할수록 좋습니다. 사실 독서에서만 국한된 것이 아닙니다. 생활 속에서 아이가 하는 모든 질문을 존중해 주어야 합니다. 아이가 질문을 기피하거나 두려워하지 않고 열린 사고를 하기 위해서는 부모님의 노력이 필요합니다.

아이의 질문에 무조건 다 해결해 주라는 말이 아닙니다. 현실적으로 모든 질문에 대답해주기 어려운 환경임을 잘 압니다. 핵심은 아이가 질문을 기피하지 않게 만드는 것입니다. 아이의 질문에 집중하면 아이가 어디에 관심이 있는지 알 수 있고 아이의 성향이나 흥미를 제대로 파악할 수 있습니다. 그러면 아이가 관심 가질만한 책에 대한 질문으로 이어질 수 있고 자연스럽게 부모님과 아이의 대화가 시작됩니다. 가족끼리 서로의 관심 분야에 대한 질문을 주고 받는 시간이 만들어지는 것입니다. 부모님의 작은 행동에도 아이는 달라질 수 있습니다.

> **Tip 이렇게 해보세요!**
>
> 만약 바쁜 일로 아이의 질문에 바로 답변해주기 어렵다면 이렇게 해보세요!
> 1. 아이가 궁금해 했던 질문을 메모하게 하고 시간이 날 때 잊지 않고 답변해줍니다.
> 2. 대답하기 전 아이 스스로 질문에 대한 답을 한 번 더 생각해 보게 합니다.
> 3. 아이의 질문에 건성으로 대답하지 않고, 최대한 집중해서 관심 있게 들어 줍니다.
> 4. 부모님의 답변에 아이가 2차 질문을 하면 귀찮아 하지 말고 간략하게나마 답변을 해주거나 책 속에서 스스로 아이가 답을 찾도록 유도합니다.

Summery!

아이의 질문! 엉뚱하지 않습니다.
궁금증이 많아지는 시기의 아이들에게 자연스러운 행동입니다.
우리 아이가 가진 궁금증을 같이 해결하도록 노력해 주세요! 질문은 아이의 자존감을 높여줍니다. 부모님의 작은 노력이 아이를 변하게 합니다.

1. 아이의 엉뚱한 질문도 무시하지 말고 칭찬해 주세요!
2. 아이의 질문에 바로 대답하기 어렵다면 질문 리스트를 만들게 하세요!
3. 후속 질문을 던져 아이와의 대화를 유도해 주세요! 어휘력 향상에도 많은 도움이 됩니다.

10
우리 아이는 독서를 해도, 왜 어휘력이 늘지 않을까?

<u>저학년 시기 독서의 큰 장점 중 하나는 어휘력 향상입니다.</u>
하지만 책을 제대로 읽지 않은 아이에게 어휘력 향상을 기대하기는 어렵습니다. 책을 제대로 읽지 않는 아이들은 눈으로 대충 읽는 경우가 많습니다. 큰소리로 낭독하는 방법도 좋지만 모르는 단어에 동그라미 치며 읽는 방법도 어휘력을 향상시키는 방법 중 하나입니다. 저학년 같은 경우 책을 읽다 모르는 단어가 나오면 물어 보지 않고 그냥 넘겨버리는 아이들이 있습니다. 그런데 그 모르는 단어가 사실 책 내용의 핵심 단어 일 수 있습니다. 핵심어를 모른 채 넘어가 버리면 전체 내용을 파악하는 데 한계가 있을 수 밖에 없습니다. 이렇게 되면 책을 제대로 읽었다고 할 수가 없겠죠.

본격적으로 독서를 시작하는 저학년 시기에는 모르는 단어에 동그라미를 쳐놓고 그 단어를 이해한 뒤 다시 읽는 것이 좋습니다. 이렇게 다시 읽기를 하면 단어를 몰랐을 때와 다르게 책 내용을 완전하게 이해할 수 있습니다. 만약 모르는 단어가 주인공에 대한 감정이나 성격을 설명하는 단어였다면 주인공이 왜 그런 행동을 했는지 인과관계를 이해하기 어렵습니다. 하지만 단어를 파악하고 다시 읽으면 몰랐던 단어에 더 집중하게 되고 책의 내용을 정확하게 이해할 수 있습니다. 이렇게 책을 완벽하게 이해했을 때 비로소 아이의 독서가 온전히 그대로! 완성 될 수 있습니다. 따라서 독서가 잘 되는 아이의 어휘력은 자연스럽게 확장될 수 있죠.

<예시 : 모르는 단어 동그라미 치며 읽기>

'원숭이 꽃신' 중에서

봄이 다시 돌아 왔습니다.
또 오소리한테 가서 신을 사와야 합니다.
.... (생략)

원숭이는 (맥)이 풀리고 침이 말랐습니다.
.... (생략)

"내가 종이 되라는 소리군요."
"천만에, 종이라는 말이 어디 있습니까?"

우리는 남의 (권리)를 (존중)합니다.

교과서를 활용하는 것도 좋습니다. 교과서를 미리 읽고 모르는 단어를 찾아 가는 방법입니다. 저자는 아이들이 새학기를 맞으면 교과서를 미리 읽고 모르는 단어를 찾아 메모지에 적고 그 단어를 찾아 보게 합니다. 학교 수업이 시작했을 때 선생님께 해당 단어에 대해 질문할 수 있어서 뿌듯했다고 말하는 아이가 많습니다. 저자에게 수업을 받은 아이들은 나중에 새 학기마다 책을 받았을 때 모르는 단어를 스스로 찾아 보는 습관을 가지게 되었습니다. 힘들지만 중요한 작업이라는 것을 아이들을 통해 느끼게 된 경험이었습니다.

<u>모르는 단어를 찾아본 후 사전을 만드는 것도 어휘력을 향상시키기 위한 좋은 방법입니다.</u> 책의 장르마다 단어 사전을 만들어 보는 것입니다. 위인전에서 몰랐던 단어를 정리해 위인 단어 사전을 만들거나 과학책을 읽고 과학 단어 사전을 만들어 보게 하는 겁니다. 특히 저학년일 때는 이 방법이 학습에 많은 도움이 됩니다. 그래서 저자는 아이들에게 주로 자신만의 단어 사전을 만들어 보게 합니다. 독서를 시키고 난 뒤 모르는 단어를 찾아 나만의 사전에 적고 뜻을 찾아 보게 합니다. 이때 사전을 찾기 전 아이가 생각하는 뜻을 물어본 후 사전적 의미와 자신이 생각했던 뜻을 비교해보는 것이 중요합니다. 사전을 찾기 전에 문맥상 뜻을 스스로 유추해 보게 하는 것이죠. 유추한 단어의 뜻과 사전적 의미가 같을 때 아이의 성취감은 배가 됩니다. 저학년일 때는 사전이 어려울 수도 있는데 그럴 때는 부모님이 도움을 줘도 괜찮습니다. 문장을 읽고 아이 스스로 해석해 보려는 작업을 하는 것이 중요합니다. 물론 뜻풀이를 정확하게 해주는 것보다 흐름상 자연스럽게 이해할 수 있도록 해주는 것이 더 좋습니다. 모든 책을 이런 방식으로 읽도록 습관을 들이고 훈련하다 보면 어휘력뿐만 아니라 독해력에도 많은 도움이 됩니다.

"어휘력이 좋은 아이가 독해력도 좋다!"

<u>모르는 단어에 동그라미 치며 읽기를 할 때 놀이를 활용하면 단어를 빠르게 인식하는 데 도움이 됩니다.</u> 예를 들어 처음 읽었을 때 '감동'이라는 단어를 몰랐다면 '감동'이라는 단어를 활용해 끝말 잇기를 하는 것입니다. 또는 모르는 단어를 넣어서 문장 5개 만들기 같은 놀이를 해도 좋습니다. 모르는 단어를 최대한 많이 재미있게 노출시킬 수록 빠르게 습득시킬 수가 있습니다. 모르는

단어를 놀이나 게임으로 확실하게 경험하게 되면 자연스럽게 단어를 인지하게 됩니다. 무엇보다 동그라미 쳐놓은 단어를 생활 속에서 은연중에 계속 노출해주는 것이 좋습니다. 가령 대화 속에서 그 단어를 많이 사용한다든가 입말로 풀어서 일상 생활 속에서 아이가 자연스럽게 해당 단어를 쓸 수 있게 만드는 것입니다.

<예시 : 어휘확장 놀이 예시>

'감동'이란 단어를 활용해서 문장만들기 (5개)
1.
2.
3.
4.
5.

예를 들어 아이와 마트에 함께 갔을 때 아이에게 최근에 새롭게 알게 된 단어를 찾아보게 합니다. 이렇게 하면 아이는 생활 속에서 자연스럽게 단어를 습득할 수 있습니다. 책에서 배웠던 단어를 독서에서만 끝내지 말고 생활 속에서도 계속 노출시켜주면 보다 쉽게 어휘를 확장할 수 있습니다.

예전에 가르쳤던 한 아이는 '분류'라는 단어를 이해하는 데 큰 어려움을 겪었습니다. 그 때 저자가 부모님께 추천했던 방법이 아이를 마트에 데려가게 하는 것이었습니다. 아이는 마트에서 제품이 잘 분류되어 있는 것을 눈으로 확인하고 나서야 '분류'라는 뜻을 정확하게 이해하게 됐습니다. 이 아이처럼 사전적 의미의 어휘를 이해하기 힘들어 하는 경우에는 생활 속에서 직접 경험하게 하는 것이 도움이 될 수 있습니다. 아이의 어휘를 얼마나 확장시킬 수 있는가 하는 문제는 부모님의 관심이 차이를 만든다고 생각합니다. 저학년일 때는 독서를 통해 모르는 단어를 알게 된다고 하더라도 금방 잊어버리는 경우가 많습니다. 아이가 한 단어를 완전하게 습득하기 위해서는 부모님의 관심이 절대적입니다. 아이와 대화 속에서 모르는 단어를 활용한 질문을 최대한 많이 하고 직접 경험하게 해주는 것이 가장 좋습니다.

> **Tip 이렇게 해보세요!**
>
> **새롭게 알게 된 단어를 활용해 일기를 쓰도록 유도하세요!**
> 저학년의 아이들은 일기를 쓸 때 자신이 알고 있던 어휘만을 반복해서 사용하는 경우가 많습니다. 때문에 어휘가 늘지 않는 아이일수록 일기의 내용이 중복되기 쉽습니다. 새로운 어휘를 활용해 일기를 쓰도록 유도하는 것은 어휘를 확실하게 각인시키는 방법 중 하나입니다.
>
> **책에 나왔던 단어를 일상 생활 속에서도 노출시켜 주세요!**
> 만약 '감동'이라는 단어를 새로 알게 됐다면,
> '감동'이라는 단어를 넣어 질문하기!
> '감동'이라는 단어로 감정 표현하기!
> '감동'이라는 단어로 끝말 잇기, 첫말 잇기!
> '감동' 이라는 단어로 시 쓰기!

Summery!

책을 읽을 때 어려워하는 단어에 표시를 하게 해보세요. 책을 집중해서 읽게 되고 모르는 어휘도 스스로 해결할 수 있어 이해력을 높이는 데 많은 도움이 됩니다. 꾸준히 습관을 들이면 학교 수업 준비를 하는 태도가 달라집니다.

1. 교과서에 나오는 모르는 단어에 동그라미 치며 읽기!
2. 나만의 단어 사전 만들기!
3. 끝말 잇기 같은 게임을 통해 모르는 단어 익히기!
4. 사전적 의미의 어휘를 이해하기 힘들어 하는 아이의 경우 생활 속에서 경험을 통해 어휘 확장시키기!

2장

책읽기

: 책과 대화하는 단계
(초등 3학년 ~ 6학년)

01
페이지를 끊어 읽어라!

　　초등학교 3학년은 전과목의 교과 내용이 심화되는 시기입니다. 사회나 과학 분야를 본격적으로 배우기 시작하죠. 책의 그림은 줄어들고 두께는 두꺼워지고 글밥은 많아집니다. 부모님이 예상하는 것 이상으로 지문의 양 또한 늘어납니다. 이해력이 좋은 아이들도 처음에는 긴 지문을 끝까지 읽어내는 데 어려움을 느끼기 쉽죠.

　　초등학교 4학년 정도 되면 역사와 사회, 과학과 관련된 내용이 책에 많이 나옵니다. 독서 경험이 충분하지 않고 기본 개념 정리가 되어 있지 않은 아이의 경우, 한 페이지를 온전히 이해하고 넘어가는 것도 쉽지 않습니다.

　　이런 아이들에게는 페이지를 끊어 읽히는 훈련을 하는 것이 좋습니다.

실제로 저자가 수업하고 있는 저자의 독서수업의 경우에는 저학년 때부터 독서훈련이 되어 있기 때문에 3학년은 35~40페이지, 4학년은 40~60페이지, 6학년은 150~200페이지 정도를 무난하게 읽습니다. 하지만 단계별로 독서훈련이 되어 있지 않은 아이의 경우에는 책이 조금만 두껍거나 지문이 길어지면 읽지 않고 그대로 덮어버리기 십상입니다.

중간에 읽기를 포기해 버리는 습관 때문에 독서가 안 되는 아이들이 많습니다. 저자가 가르쳤던 한 아이는 책을 끝까지 읽기는 하지만 앞의 내용을 전혀 기억하지 못하는 경우도 있었습니다. 이 아이의 경우, 60페이지짜리 책을 20페이지씩 3등분해서 3개월 정도 페이지 끊어 읽기 훈련을 시켰습니다. 이후 30페이지, 40페이지로 조금씩 양을 늘려갔고 마지막에 60페이지를 완독했을 때는 큰 어려움 없이 독서를 할 수 있게 되었습니다. 물론 내용도 충분히 이해할 수 있게 되었죠.

페이지 끊어 읽기 훈련은 아이의 독서 호흡을 길게 해주려는 목적도 있지만 그보다 책 내용의 정확한 이해를 위한 것입니다. 때문에 만약 20페이지씩 끊어 읽기를 한다면, 반드시 해당 페이지 속 핵심 단어와 줄거리를 메모하는 습관을 들여야 합니다. 메모는 자기 생각을 정리할 수 있는 훈련이기도 합니다. 이러한 과정을 따라 분량을 조금씩 늘려가는 것이죠.

모둠수업 시간에 친구들과 함께 페이지 끊어 읽기를 해 보았습니다.
20페이지, 30페이지, 40페이지로 늘려 나갈 때마다 간략하게 메모해두면 자연히 전체 줄거리로 요약되기 때문에 나중에 독후감을 쓸 때도 보다 쉽게 쓸 수 있습니다.

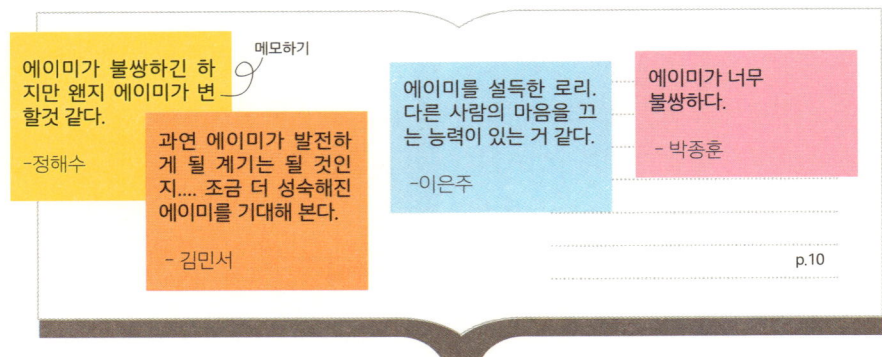

<작은 아씨들> 끊어 읽기 예시

　페이지 끊어 읽기는 기본적으로 책이 익숙한 아이에게 시도할 수 있는 방법입니다. 단 10페이지도 읽기 싫어하는 아이에게는 페이지 끊어 읽기도 쉽지 않습니다. 한 자리에 오래 앉아 있지 못하고 들락날락 하는 아이라면 엄마와 아이가 협상을 해야 합니다.

"아이와 협상을 통해 페이지 수를 정하세요!"

저자의 사례

　저자가 가르쳤던 학생 중 100페이지 분량의 책에 지레 겁을 먹고 처음부터 읽지 못하겠다고 선언했던 5학년 아이가 있습니다. 4학년 때는 길어 봤자 60페이지였는데 갑자기 분량이 40페이지나 늘어나 어려움을 느낀 것이죠. 저자는 아이 스스로 한 번에 읽을 수 있는 최대한의 분량을 정할 수 있는 시간을 주었습니다. 대신 꾸준히 읽어야 한다는 다짐을 받았지요. 이 아이는 40페이지 정도를 3등분해서 끊어 읽기를 시작했고, 끊어 읽은 페이지마다 메모지를 붙여가며 이야기를 정리했습니다. 그렇게 끊어 읽기를 통해 100페이지를 읽어낸 아이는 자신감이 붙어 두꺼운 책에 대한 두려움을 극복할 수 있었습니다.

아이에게는 모든 것이 처음이라는 사실을 알아야 합니다. 무작정 부모님의 생각대로 끌고 가지 말라는 뜻입니다. 독서 훈련을 할 때도 아이가 어떤 부분이 힘든지 정확하게 파악을 한 다음 지도하는 것이 중요합니다. 아이와 충분한 대화를 하는 것이 가장 좋은 해법이죠. 만약 독서지도 수업을 받고 있다면 수업을 하는 선생님에게 도움을 요청하는 것도 좋습니다. 아이들은 일반적으로 부모님의 말보다는 선생님의 말을 잘 따르기 때문입니다.

페이지 끊어 읽기는 결국 완독을 위한 훈련입니다. 끊어 읽기를 왜 해야 하는지 아이가 충분히 이해해야 목표한 완독을 해낼 수 있습니다. 책을 끝까지 읽은 아이들은 완독을 했다는 성취감과 함께 자신의 지적 능력을 확장시켰다는 만족감으로 또 다른 책에 도전할 수 있는 용기를 가지게 됩니다. 무엇보다 아이 자신이 완독에 대한 의지를 가지는 것이 중요합니다. 그래야 아이가 끊어 읽기를 집중해서 할 수 있습니다. 무조건 끊어 읽기를 강요하면 안 된다는 이야기입니다. 책을 끝까지 읽지 못하는 이유를 아이에게 물어야 합니다. 책을 읽을 때 어떤 점이 어려운지 물어보면 대부분의 아이는 앞의 내용이 기억나지 않는다고 말합니다. 분량이 많은 것에 겁을 먹은 데다 무슨 내용인지 이해도 안 되는데, 엄마가 책을 다 읽었는지 안 읽었는지 확인하려고만 하면 아이는 '그냥 대충 읽어버리자'라고 생각하기 쉽습니다.

저자가 아이들에게 책에 대한 질문을 했을 때, 내용을 이해하기 힘들다거나 질문의 의도를 파악하기 어렵다고 대답하는 아이들이 대부분입니다. 아이들마다 완독에 대한 고충이 있습니다. 부모님은 이러한 아이의 고충을 들어주고 해소시키는 것에 공을 들여야 합니다. 완독의 중요성에 대한 이해가 전제되지 않으면 끊어 읽기를 아무리 강조해도 소용이 없습니다. 완독에 대한 목적의식이 없기 때문에 끊어 읽기에 집중하지 못하는 것입니다. 독서는 부모님과 아이가 함께 목표를 세우고 아이 스스로 시작하려는 마음을 갖게 하는 것이 중요합니다.

반드시 피드백을 해야 한다!

아이가 처음 끊어 읽기를 시작하면 힘들어 하기 마련입니다. 때문에 끊어 읽기에 대한 지속적인 피드백이 필요합니다. '끊어 읽기를 해보니까 어떤 것 같아?'라고 물어본 후, 어떤 점이 좋고 어떤 점이 어려웠는지 자유롭게 이야기 할 수 있도록 들어줘야 합니다. 아이를 끊임없이 지지하고 독려해주는 것이 좋습니다.

끊어 읽기를 하고 난 뒤 아이가 적어 놓은 문장이나 단어 등에 대해 이야기를 나눕니다. 틀린 점이 있다면 고쳐주고 잘했다면 칭찬을 해주면 좋습니다. 이러한 과정을 통해 조금씩 페이지수를 늘려가다 보면 운동으로 근육이 붙듯 아이의 독서 근력이 늘어나게 됩니다.

이때, 아이의 독서에 관심을 보이는 것을 넘어 간섭을 하지 않도록 주의해야 합니다. 숙제를 검사하듯 끊어 읽기를 확인하면 엄마에게 검사를 받기 위해 읽는 거라 생각해서 목적의식이 흔들리게 됩니다.

<u>부모님과 아이가 함께 끊어 읽기를 하는 것도 좋은 방법입니다.</u> 아이에게 두꺼운 책을 보여주며 끊어 읽기를 함께 해보자고 제안하는 것입니다. 누가 끊어 읽기를 잘 하는지 서로 대화하며 시각화하는 것도 중요합니다. 가령 30페이지씩 끊어 읽기를 하기로 했다면 페이지마다 표시를 해두고 줄거리를 요약해서 붙여둡니다.

끊어 읽기를 처음 시작하는 아이에게 엄청난 기대를 가지고, 우리 아이는 이제 고학년이니까 당연히 혼자 읽을 수 있을 거라고 생각해선 안됩니다. 가만히 앉아 있기조차 힘들어 하는 아이에게 무작정 끊어 읽기를 시킬 수는 없는 것이죠.

끊어 읽기를 하는 기간을 정해주고, 페이지 수를 늘릴 때 아이의 의견을 물어보는 게 좋습니다. '30페이지에서 50페이지로 늘리면 어떨 거 같아? 엄마는 네가 충분히 할 수 있을 것 같은데, 너의 생각은 어떻니?" 라고 말입니다.

> **Tip 이렇게 해보세요!**
>
> **끊어 읽기는 전집으로 시작하는 것이 좋습니다.** 책 두께가 일정하기 때문이죠. 이제 막 끊어 읽기를 시작한 3학년 정도의 아이들은 동일한 책을 반복해서 끊어 읽으면서 완독을 하는 것이 중요합니다. 책을 너무 읽기 힘들어 하는 아이들 같은 경우에는 반대로 시도해도 좋습니다. 아이가 힘들어 해도 그냥 처음부터 끝까지 쭉 읽게 하는 것이죠. 책 내용을 완전히 이해하지 않아도 좋습니다. 완독 이후 놓쳤던 내용을 다시 정리하는 느낌으로 끊어 읽기를 하면 구체적으로 내용을 이해할 수 있어서 도움이 됩니다.

독서 방법에는 정답이 없기 때문에 아이의 성향에 맞는 독서 방법을 찾아야 합니다. 아이가 편하고 재미있게 계속해서 책을 읽을 수 있도록 여러 방법을 시도해보는 것이 중요합니다. 거꾸로 끊어 읽는 독서 방법은 어렸을 때 정독 훈련을 받지 못한 아이들이나 이미 책을 놔버린 아이들에게 좋습니다. 또한 엄마의 관심을 받기 위해 억지로 읽는 아이의 경우에는 끊어 읽기 독서 방법을 활용해 보세요. 다시 책과 친해지기 위한 독서 방법으로 적극 추천해 드리고 싶습니다.

Summery!

완독하기 힘들어 하는 우리 아이! 끊어 읽기를 시도해보세요!

읽기에 대한 부담이 줄어 들고 책 속의 내용도 잘 파악하는 일석이조의 효과를 얻을 수 있습니다. 끊어 읽기는 전집으로 시작하는 것이 좋습니다. 책 두께가 일정하기 때문입니다.
점차 페이지 분량을 늘려늘려가면서 그에 대한 피드백을 해주세요!
단, 끊어 읽기를 하는 기간을 정해주고, 페이지 수를 늘릴 때 아이의 의견을 물어보는 게 중요합니다. 끊어 읽기 페이지 수는 반드시 아이와 상의해서 정합니다.

02
상상력을 키우는 독서를 하자!

　부모님이라면 누구나 우리 아이가 창의적인 사람으로 성장하기를 바랍니다. 아이의 창의력을 키우는 방법은 여러 가지가 있겠지만, 독서는 가장 기본적인 창의력 교육 방법입니다. 알다시피 창의력은 한 순간에 만들어지는 것이 아닙니다. 창의력은 상상력을 통해 발휘되는데, 독서에서 상상력을 기르는 해답을 얻을 수 있습니다. 하지만 막연하게 독서를 한다고 해서 아이의 상상력이 저절로 자라는 것은 아닙니다. 똑같은 책을 읽더라도 어떻게 읽느냐에 따라 아이의 상상력이 크게 달라집니다.

> 　한 중학교에서 황순원의 『소나기』를 A와 B그룹으로 나눠 가르쳤던 실험을 소개합니다. A그룹은 책을 읽게 하고 B그룹은 영화를 보게 했습니다. 이후 두 그룹의 아이들에게 그림을 그리게 했는데 영화를 본 아이들은 대부분 돌다리를 그렸지만 책을 읽은 아이들은 원두막, 소년의 얼굴, 소녀가 죽는 모습 등 책에 나온 다양한 장면을 상상해 그렸습니다.

독서는 아이의 상상력에 얼마나 많은 영향을 끼칠까?

이 실험은 독서 활동이 단순히 활자를 읽는 것에 그치지 않고 머릿속으로 상상을 하게 만든다는 것을 보여줍니다. 책을 읽으면 글로 묘사된 부분을 자기만의 방식으로 인지할 수 있다는 것입니다. 이에 반해 영화는 시각적으로 뇌에 바로 각인시키기 때문에 책에 비해 상상의 여지가 적다는 것을 알 수 있습니다.

독서를 통해 아이의 상상력을 기르기 위해서는 무엇보다 부모님의 도움이 절실합니다. 대부분의 부모님들은 아이가 책을 읽었는지 읽지 않았는지의 여부에만 치중합니다. 독서는 활자를 단순히 읽어내는 것이 아닙니다. 독서에 있어서 놓치지 말아야 할 것은 독후활동입니다. '독서를 통해 상상력을 키울 수 있다'는 말의 의미는 아이가 허무맹랑한 이야기를 한다는 뜻이 아닙니다. 책 내용에 근거한 상상이야말로 창의력이라고 할 수 있습니다. 독후활동은 독서를 하고 자신이 느낀 점을 글로 써내는 것입니다. 이를 통해 자기 생각에 뒷받침이 되는 상상력을 자연스럽게 펼칠 수 있습니다.

> '상상'이라는 단어는 코끼리 뼈 '상'과 생각할 '상'으로 이루어져 있습니다. '코끼리 뼈를 보며 코끼리를 생각한다'는 뜻입니다. 코끼리 뼈가 코끼리를 생각하는 것에 근거가 된다는 말이죠. 명확한 근거에 기반한 논리 위에 생각을 더하는 것이 바로 '상상'입니다. 때문에 독서를 통한 상상력을 허무맹랑한 생각이라고 여겨서는 안 됩니다.

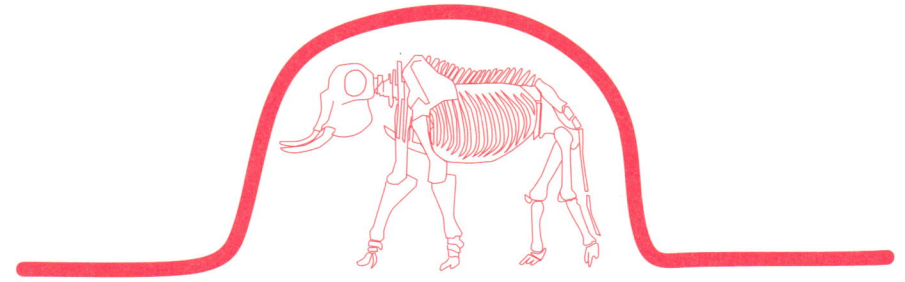

독서를 끝내고 질문했을 때, 아이가 책의 내용과 연결된 대답을 한다면 제대로 된 상상을 했다고 할 수 있습니다. 하지만 책의 내용과 전혀 다른 엉뚱한 대답을 하는 경우에는 책을 제대로 읽어내지 못했다고 봐야 합니다.

> **삼세번 독서**
> 전체 흐름을 이해하기 위해서 처음 책을 읽을 때는 끊지 않고 끝까지 읽습니다. 두 번째 읽을 때는 주인공의 말과 행동을 생각하며 읽습니다. 마지막으로 세 번째 읽을 때는 '왜' 라는 질문을 던지며 읽어 나갑니다.

독서를 할 때 활자만 대충 읽으면 상상력을 키울 수 없는 것은 물론이고 독서의 배경지식도 쌓이지 않습니다. 이솝 우화 같은 동물을 의인화한 책을 가르치다 보면 '왜 여우가 말을 해요?' 라고 뜬금없는 질문을 하는 아이가 있습니다. 아이가 의인화의 의미를 모르면 이런 질문을 할 수 있습니다. 이야기의 교훈에 집중하지 않고 여우가 말을 한다는 사실 자체에만 호기심을 보이면, 책을 이해시키는 데 한계가 있습니다. 배경 지식이 없기 때문에 제대로 된 학습이 이뤄지지 않는 것입니다.

고학년이 되면 시간의 흐름이 뒤섞여 있는 액자식 구성의 책을 접하게 됩니다. 이야기 속에 이야기가 들어있는 『아라비안 나이트』 같은 경우, 인물간의 상호작용이나 시점의 변화를 인지하지 못하면 평면적으로 글자만 읽는 수준에 머물게 됩니다.

부모님이 생각하기에 너무나 당연한 질문을 한다고 해도 아이에게 '왜 그럴까?'라고 다시 질문해주는 것이 좋습니다. 그래야 아이는 자신이 의문이 가지고 있는 것에 스스로 질문을 하며 해답을 찾아볼 수 있습니다.

앞서 이야기 했듯이 아이가 책 읽는 방법을 체계적으로 습득하느냐의 여부는 부모님의 역량에 달렸습니다. 아이 혼자 자신에게 적합한 책이 무엇인지 판단할 수는 없습니다. 부모님이 가장 먼저 할 일은 아이의 성향을 파악하고 책장을 정리해주는 것입니다. 그 후 아이가 책의 내용을 숙지했는지 살펴야 합니다. 아이가 책의 내용을 잘 이해할 수 있어야 사고를 할 수 있고 나아가 상상력으로까지 이어질 수 있기 때문입니다. <u>주의할 점은 아이가 책을 읽고 있는 도중에 끼어들지 않고 다 읽을 때까지 기다려야 한다는 것입니다.</u> 아이가 책을 다 읽고 난 후에는, 책에 대한 자기 생각을 짤막하게라도 메모할 수 있도록 지도합니다. 메모 습관은 독후활동을 하는데 큰 도움이 됩니다. 고학년으로 갈수록 이 메모 습관의 효과를 톡톡히 확인할 수 있습니다. 메모습관은 자연스럽게 질문으로 이어질 수 있습니다. 질문은 독후활동과 함께 아이의 상상력을 키우는 가장 중요한 독서 습관 중 하나입니다.

"책은 읽어야 책이다."

"책은 아이가 언제든지 꺼내 읽을 수 있는 가까운 곳에 둡니다. 눈에 보이지 않으면 아무리 좋은 책이라도 쓸모가 없습니다."

<u>아이가 좋아하거나 관심 보이는 책들을 아이 눈에 잘 띄는 위치에 꽂아 두는 것도 상상력을 배가시킬 수 있는 방법입니다.</u> 책을 읽고 난 후, 궁금한 점과 연관된 다른 책을 읽도록 유도할 수 있기 때문입니다. 이렇게 되면 다양한 배경의 책을 자연스럽게 연이어 읽어나갈 수 있습니다. 독서를 잘 하는 아이들을 보면, 한권의 책으로 시작한 것이 열권의 책으로 자연스럽게 뻗어나갑니다. 다시 말해 서로 연결된 책들을 통해 다양한 배경지식을 습득하면서 아이의 사고가 확장되는 것입니다.

아이가 상상력을 온전히 발휘하며 책을 읽기 위해서는 자기만의 독서 시간이 충분히 확보되어야 합니다. 아이가 독서를 한다고 하면 아이 방문 앞에 '책 읽는 중'이라는 팻말을 달아주는 것도 좋은 방법입니다. 아이의 생활 시간

표 안에 책 읽는 시간을 넣어 주어 주는 것도 좋습니다. 아이에게 책 읽는 시간을 정해주었을 때, 그 시간이 넘어가더라도 특별한 경우가 아니라면 흐름을 끊지 않는 게 좋습니다.

Summery!

독서는 보이지 않는 장면을 머릿속으로 그릴 수 있는 최고의 상상놀이입니다.
아이가 충분히 책의 내용을 상상하며 스스로 질문 하면서 읽을 수 있도록 독서시간을 배려해 주세요.

1. 아이의 책 읽는 시간을 방해 하지 않기!
2. 생활 시간표에 책 읽는 시간을 넣기!
3. 아이가 좋아하거나 관심 보이는 책들을 아이 눈에 잘 띄는 위치에 꽂아두기!
4. 아이에게 끊임 없이 '왜' 라는 질문을 던져주기!

03
호기심을 자극하라!

책을 읽는다는 것은 어른에게도 결코 쉽지 않은 일입니다. 하물며 아이들은 어떨까요?

오랜 시간 동안 수많은 아이들과 독서 수업을 하면서 저자가 중요하게 느낀 것 중 하나가 바로 '질문' 입니다. 아이의 독서력은 부모님의 질문과도 직결된다고 해도 과언이 아닙니다.

"질문을 어떻게 해야 할지 모르겠어요."

질문하기가 어렵다면 책의 제목을 활용하여 '왜?'라는 질문을 해보세요. '제목을 왜 이렇게 지었을까?'라고 말입니다. 이렇게 '왜?'라는 물음으로 독서를 시작하면 아이는 자연히 궁금증을 가지게 되고, 독서의 동기가 부여될 수 있습니다. 저자는 늘 독서는 아이 혼자 할 수 없는 것이라고 강조합니다. 부모님은 아이가 집에서 책을 잘 안 읽는다고 걱정하지만 어찌 보면 그건 당연한 일입니다. 독서의 어려움 자체를 부정하면 더 힘들어집니다. 어른들도 하기 어려운 일을 아이가 할 수 있도록 하기 위해서는 부모님이 가이드라인을 제시해주는 것이 좋습니다.

> **Tip 이렇게 해보세요!**
>
> 아이와 함께 책을 읽을 때 적절한 질문을 하면서 입체적인 독서를 해보세요. '왜?'라는 질문을 만들어서 책을 읽으면, 그 답을 해결하면서 책을 읽게 됩니다. 질문을 만들 때 어렵게 생각할 필요는 없습니다. 인물의 특징, 사건의 원인, 시대적 배경 등 책 안에 있는 내용과 연관된 질문을 기본으로 시작합니다. 처음 책을 읽고 나서 부모님의 질문을 아이가 적어두게 하고, 두 번째 읽을 때는 질문에 집중해서 책을 읽게합니다.

<u>질문을 던지며 책을 읽다 보면 주제 파악을 빨리 할 수 있습니다.</u> 공부를 잘하는 고학년 아이들을 관찰해보면, 요점을 정리해 공부하는 습관이 몸에 베어 있다는 걸 알 수 있습니다. 효율적으로 공부하는 습관이 훈련되어 있는 것입니다. 반대로 많은 시간을 들여 공부를 해도 결과가 좋지 않는 아이는 주제를 잘못 파악하는 경우가 많습니다. 질문하며 책을 읽는 것은 책을 잘 읽기 위한 훈련이기도 하지만 멀리 봤을 때 다양한 영역에서 응용할 수 있는 학습 기술을 익히는 것이기도 합니다.

<u>독서는 나무보다 숲을 보는 습관을 길러주는 학습입니다.</u>
저자가 토론 수업을 할 때 질문을 뽑아와서 서로 대답해 주는 활동을 해보면 같은 책을 읽어도 주제와 관련이 없는 단답식 질문만 뽑아오는 아이들이 있습니다. 반면 주제와 관련된 질문을 뽑아 오는 아이들은 책에 대한 이해력이 높아서 주인공의 말이나 행동 위주의 핵심 질문을 뽑아 옵니다. 질문은 곧 아이가 궁금하거나 더 알고 싶은 내용이기 때문에 주제를 제대로 파악하고 있

는지 알면 내용을 확실히 이해하고 있는지 알 수 있어 다른 학습에도 영향이 큽니다.

고학년으로 갈수록 질문하며 책을 읽는 습관은 더욱 중요해집니다. 대개 초등학교 3학년 이후부터는 교과서나 도서의 수준이 인물, 사건, 배경 등이 더 복잡한 구성으로 짜여진 스토리로 업그레이드되어서 학습적으로 어려움을 느끼게 됩니다. 이런 책들을 읽을 때는 모르는 어휘들도 많고 내용도 복잡해지기 때문에 당연히 궁금증이 생기기 마련입니다. 때문에 책을 입체적으로 읽기 위한 '왜?'라는 질문이 반드시 함께 이뤄져야 합니다.

독서를 하며 질문을 많이 했던 대표적인 인물로 세종대왕을 꼽을 수 있습니다. 세종대왕은 집현전 학자들에게 끊임없는 질문을 던졌습니다. 그의 이런 궁금증은 한글 창제로 이어지게 되었죠.

세종대왕의 독서는 궁금증을 해결하기 위한 질문에서 시작됐다고 할 수 있습니다. 질문이라는 것 자체가 해결을 요하는 것입니다. 궁금증에 대한 해답을 알고 싶다는 욕구가 컸기 때문에 책을 통해 그 질문을 해결해 나가려고 노력했던 것이죠. 이처럼 질문하기는 독서에 있어 무척 중요한 기술입니다.

아이의 독서를 이끌어주기 위해서는 질문 하는 것에 부지런해져야 합니다. 한 권의 책을 부모님과 아이가 각자 읽고 난 후, 아이가 책의 내용을 상기할 수 있도록 서로 질문을 만들어 보는 것입니다. 이 때 질문은 반드시 책의 내용에 근거한 것이어야 합니다. 백설공주의 이야기를 예로 들어볼까요?

질문 예1) 백설공주는 왜 문을 열어 주지 말라는 난쟁이의 말을 듣고도 문을 열어 줬을까?
답변) 혼자있으니까 심심해서 그랬을것 같아요.

> 질문 예2) 난쟁이들이 있는데 백설공주는 왜 심심했을까?
> 답변) 난장이들은 광석을 캐러가서요

질문에 대한 답은 아이들마다 다를 수 있습니다. 하지만 책에 나온 내용을 기반으로 대답을 하게 되죠. 아이들이 대답을 하면 여기서 그치지 말고 후속 질문을 합니다. 이렇게 연속적인 질문이 오고 갈 때 아이의 생각이 자연스럽게 확장됩니다.

> 질문 예) 사과가 왜 맛있어 보였을 거 같아?
> 답변) 사과가 맛있어 보여서 문을 열어주었어요.

질문하며 하는 독서는 시각적인 것은 물론 아이들의 모든 감각이 활용되는 방법입니다. 예를 들어 '빨갛게 생긴 사과에서는 어떤 냄새가 날까?', '만지면 어떤 느낌일까?' 등의 질문을 할 수 있죠.

위와 같은 질문을 핵심 해석적 질문[1]이라고 하는데, 질문이 꼬리에 꼬리를 물고 이어지면 질문과 책의 내용이 어떤 관계가 있는지 자연스럽게 분석할 수 있습니다. 만약 고학년에게 질문을 한다면 좀 더 깊이 사고할 수 있는 질문을 던지는 것이 좋습니다.

> 질문 예) 왜 왕비는 세 번이나 백설공주를 찾아 갔을까?
> 답변) 한번에 죽지 않아서요.
> 질문 예) 왜 백설공주는 한번에 죽지 않은 걸까?
> 답변) 운이 좋은 거 같아요.
> 답변 2) 도움을 주는 사람들이 있어서요.

---

1 해석적 질문 : 저자의 독서수업(주니어 플라톤)에서 하는 질문 방식 용어

같은 책을 읽더라도 이와같이 질문을 하며 읽은 아이와 그렇지 않은 아이의 사고능력은 확실히 다릅니다. 고학년 아이들의 독서를 지도할 때 이야기 속 인물 분석을 시키는데요. 『심청전』을 예로 들면, 아이들에게 심청이의 성격을 파악할 수 있는 단어 5개를 찾아보게 합니다. 그러면 아이들은 책에 나온 주인공의 성격을 한번 더 인지하게 되고 자연스럽게 다양한 어휘를 습득할 수 있습니다. 이를 통해 사고를 확장할 수 있는 것이죠.

> **[심청전] 예시**
> 질문 예) 심청이의 성격을 파악할 수 있는 단어 5개 찾기

프랑스의 논술형 대입자격시험인 '바칼로레아'는 사고능력을 평가하는 논술시험으로 유명합니다. 정해진 답을 맞추는 것이 아닌 자신의 생각을 서술하는 방식의 시험으로, 프랑스의 대표적인 교육방법입니다. '바칼로레아'를 들여다보면, 독서에서 질문이 얼마나 중요한지 알 수 있습니다. 프랑스에서는 『어린왕자』라는 책 한 권을 초등학교 1학년 때부터 고학년으로 올라갈 때까지 다양한 출판사의 판본으로 읽히게 함으로써 자연스럽게 글쓰기 구조를 바꿔가며 아이들의 사고력을 키워나간다고 합니다. 책 내용이 어려워서 여러 번 읽게 하는 것이 아닙니다. 책의 난이도를 떠나 독서 후 문장을 이해하고 기억하는 것을 중요하게 생각하기 때문입니다. 『어린왕자』를 읽고 자신의 생각을 자유롭게 이야기하는 과정을 훈련시키는 것입니다.

프랑스와 달리 우리나라의 독서 교육은 무조건 처음부터 끝까지 완독하는 것을 가장 중요하게 생각합니다. 우리 아이들은 책을 꼭 다 읽어야 한다는 강박관념에 사로 잡혀 책을 잡기도 전에 어려움을 느끼게 만듭니다. 또한 질문하는 것을 두려워합니다. 저자가 가장 안타깝게 생각하는 것도 바로 이런 부분입니다. 아이들에게 독서를 시켜보면 사고하며 책을 읽는 것이 아니라 단순히 글자를 읽어내려 간다고 느낄 때가 많습니다.

같은 책 다른 관점

질문하며 독서를 할 때는 같은 책의 다른 판본을 읽혀 보세요.

출판사마다 다른 관점으로 쓰여져 있어 다채로운 질문을 할 수 있습니다.

저자의 독서수업 중에서 '김유신 역사 법정에 새로 서다'라는 테마북으로 역사 인물을 평가하는 수업이 있습니다. 판본의 책을 읽고 나서 김유신이라는 인물에 대한 자유롭게 평가를 이야기해보는 수업인데요 출판사마다 김유신에 대해 다른 관점을 가지고 있는 것을 알 수 있죠. 가령 김부식은 김유신을 삼국통일의 주춧돌이 된 국가적 영웅으로 보지만, 다른 관점에서는 60살이 넘어서 나이 어린 조카와 혼인을 맺는가 하면 자기 말을 단칼에 베어버릴 정도로 냉철하고 야심이 강한 인물로 묘사 하기도 합니다. 김유신의 이런 여러 가지 면모를 비교평가하기 위해서는 다양한 관점으로 쓰여진 책들을 두루 읽어야 합니다.

<u>다양한 판본의 책을 읽으면</u> 하나의 관점에서는 알 수 없었던 사실들의 의문을 가질 수 있고 책의 내용을 다각적으로 분석할 수 있는 훈련이 가능 합니다.

Summery !

아이의 독서력은 부모님의 질문과도 직결 됩니다. 질문하기가 어렵다면 책의 제목을 활용하여 '왜' 라는 질문을 해보세요. 중요한 건 아이가 책에 대해 궁금증을 갖게 만드는 것입니다.

- 인물의 특징, 사건의 원인, 시대적 배경 등 책 안에 있는 내용과 연관된 질문을 기본으로 시작합니다.
- 처음 책을 읽고 나서 부모님의 질문을 아이가 적어 두게 한 뒤, 두 번째 읽을 때는 아이가 질문에 집중해서 책을 읽도록 유도합니다.
- 한 번의 질문으로 그치지 말고 연속적인 질문을 해주면 아이의 생각과 호기심이 자연스럽게 확장됩니다.

04
가족 독서 모임부터 시작하자!

"어떻게 하면 아이가 독서를 가장 좋은 놀이로 느낄 수 있을까요?"

결론부터 말하자면 부모님이 부지런해져야 합니다. 끊임없는 관심이 아이의 독서 욕구를 자극할 수 있습니다.

독서를 놀이처럼 느끼기 위해서는 아이의 생활 속에 독서가 늘 있어야 합니다. 흔히 말하는 생활형 독서가 그것입니다. 어른들에게도 힘든 일이기는 하죠. 하지만 생활형 독서라는 것이 생각처럼 어렵기만 한 것은 아닙니다. 가장 좋은 방법은 어렸을때부터 가족 독서 모임을 하는 것입니다.

가족 독서 모임의 가장 큰 장점은 아이가 독서에 대한 다양한 생각을 가질 수 있다는 것입니다. 다른 사람은 어떻게 독서를 하는지, 나와는 어떤 점이 비숫하고 어떤 점이 다른지, 나의 독서태도는 어떤지, 스스로 자신의 장단점을 파악할 수 있습니다.

무엇보다 다른 사람과 다양한 생각을 공유하면서 함께 책을 읽으면 더 재미있다는 사실을 느낄 수 있습니다. 특히 고학년 아이에게는 함께하는 독서의 즐거움을 일깨워주는 것이 좋습니다.

"아이의 독서력을 키우는 데 이보다 더 좋은 방법은 없다"

가족 독서 모임이라고 해서 거창할 필요는 없습니다. 우선 가족끼리 독서 모임을 만들어 보는 것입니다. 저자가 늘 부모님들에게 강조하고 싶은 건 반드시 가족이 함께 독서 시간을 가지라는 것입니다. 아이의 독서력을 키우는 데 이보다 더 좋은 방법은 없습니다. 30페이지 정도 분량을 읽는 데 걸리는 시간은 채 10분이 되지 않습니다. 하지만 10분이라는 짧은 시간이 아이의 독서력을 좌우하는 큰 요인이 될 수 있습니다. 일주일에 한번 10분이라도 시간을 내서 가족 모두가 한자리에서 독서하는 것을 적극 권장합니다.

무엇보다 중요한 것은 함께 책 읽기에서 끝나는 것이 아니라 서로 이야기를 나눠야 한다는 것입니다. 아이가 스스로 자기 평가를 해보게 하는 것이죠. 책을 제대로 읽었는지, 궁금한 점을 잘 이야기 했는지, 다른 사람의 말을 잘 들어 주었는지 등에 대해 스스로 점검해보는 것입니다. 10살이 넘어가게 되면 아이는 자기 자신 뿐만 아니라 타인에 대한 관심이 많아집니다. 다른 사람과 자신을 자연스럽게 비교하게 되는데, 피드백을 두려워하지 않는 아이로 만드는 것이 중요합니다.

부모님과의 독서시간을 통해서 자연스럽게 피드백 훈련을 할 수 있습니다. 평가에 대한 훈련은 아이를 한 단계 더 성장할 수 있도록 도움을 줍니다.

책을 읽을 때 어려움은 무엇인지, 무슨 이유로 이 책을 선택했는지에 대해 서로 이야기할 수 있어야 합니다. 마땅한 질문거리가 없다면 가장 기본적인 이야기부터 시작하면 됩니다. 이번 주에는 어떤 책을 읽을지 각자 선택한 책에 대해 묻고 대답하는 것입니다. 여기서부터 아이와의 토론이 시작되고 아이는 자연스럽게 가족 독서 모임에 참여하게 됩니다. 독서 모임은 될수록 많이 갖는 것이 좋습니다. 적어도 일주일에 한번 정도 가족이 모여 독서 모임을 가질 수 있도록 함께 시간표를 만들어보면 어떨까요?

우리 가족 독서 모임 계획표

날짜 : 2018년 4월 8일 일요일
일시 : 저녁 7시~8시 (1시간 정도)
주제 : 톰은 왜 농장을 탈출 했을까? (인권 문제 다루기)

※ 토론 참석자 : 아빠, 엄마, 나, 동생
※ 토론 리더 : 엄마
※ 토론 규칙 : ① 높임말 사용하기!
　　　　　　　② 발표 할 때 꼭 발언권을 얻기 말하기!
　　　　　　　③ 다른 사람이 발표할 때 끼어 들지 않기!

　　생활형 독서의 기본은 아이 스스로 온라인이나 오프라인에서 책을 구매해 보도록 하는 것입니다. 특히 온라인으로 책을 주문했다면 서평 남기기와 같은 독후 경험을 하는 것이 좋습니다. 다른 사람이 자신이 읽었던 책에 대해 어떤 느낌을 받았는지 읽어 볼 수 있고 자신의 생각을 남길 수도 있기 때문입니다.

요즘 아이들은 다른 사람들로부터 관심받고 싶어하는 욕구가 강한 편입니다. 그래서 흔적 남기기를 좋아하는데 온라인에 서평을 남기는 것도 아이에게 좋은 독서 자극이 될 수 있습니다. 또한 파주출판도시 같은 곳을 방문해보는 것도 생활형 독서 습관을 기르는 데 좋은 자극이 될 수 있습니다. 책을 만드는 과정을 체험함으로써 독서를 보다 재미있게 느낄 수 있죠.

최근 몇몇 초등학교에서는 '별빛 독서'라고 밤에 부모님과 아이들이 함께 책을 읽는 행사를 진행하고 있습니다. 이와 같이 책에 대한 직접적인 경험을 시켜주는 것이 무작정 많은 책을 읽히는 것보다 중요합니다.

> Q. 책을 잘 읽던 아이가 갑자기 책에 흥미를 잃었어요. 어떻게 해야 할까요?
> 저자가 지도하는 한 아이의 사례를 소개할까 합니다. 저학년 때까지 엄마의 관심 속에 꾸준히 책을 읽어온 아이가 있었습니다. 하지만 초등학교 3학년에 올라갈 무렵, 엄마가 직장에 다니게 되면서 아이는 혼자 책을 읽어야만 했습니다. 엄마가 아이의 독서를 봐주는 시간이 현저히 줄어들자 아이는 책에 대한 흥미를 잃고 게임에 빠지게 됐습니다. 이 아이가 다시 독서에 대한 흥미를 찾기까지는 많은 시간이 필요했습니다.

이런 경우에는 아이와의 진지한 대화가 우선입니다. 아이가 책을 읽는 데 어떤 어려움을 겪고 있는지 들어주고 충분히 공감해주어야 합니다. "엄마도 사실 책을 읽는 게 쉽지 않아." 라며 아이와 공감대를 형성하는 것이 중요합니다. 공감대를 형성하면서 지속적으로 책 읽는 모습을 아이에게 보여주면 아이도 다시 독서에 참여할 수 있습니다.

아이가 책을 놓아 버린 이유는 예전에 엄마와 함께 책을 읽었을 때는 재미있었지만, 점점 엄마의 관심이 줄어들면서 혼자 책을 읽는 것에 부담감을 느껐기 때문입니다. 이 사례를 통해 저자가 강조하고 싶은 것은 바로 부모님의 관심 속에서 아이의 독서능력이 자란다는 것입니다. 적어도 초등학교 때까지는 아이의 독서를 부모님이 함께 해주는 것이 필요합니다.

Summery!

아이가 부모님과 함께 생각을 공유할 수 있는 가족 독서 모임을 만들어 보세요!
어려운 독서를 함께 하는 것만으로도 아이들은 특별함을 느낄 수 있습니다. 무엇보다 독서 시간에 대한 기대를 갖게 되죠!

생활형 독서 습관 길들이기!
1. 오프라인 또는 온라인으로 책을 직접 구매하기!
2. 구매한 책에 대해 온라인 서평 남기기!
3. 파주출판 도시나 또는 이름난 도서관 찾아가기!

05
이야기와 대화에 대한 즐거움을 찾아라!

초등학교 3학년에 올라가면 아이가 읽는 책의 수준도 함께 올라갑니다. 단순히 책 페이지가 늘어나고 글밥이 많아지는 것이 아니라 책 속에 등장하는 인물도 많아지고 다양하고 복잡한 사건이 벌어집니다. 때문에 아이가 독서에 빠져들면 등장인물을 살아 있는 것처럼 느끼게 됩니다. 아이가 상상을 하며 책을 입체적으로 읽기 때문입니다. 책을 읽으면서 그 이야기에 몰두한 아이는 등장인물에게 쉽게 감정을 이입할 수 있습니다.

저자가 수업에서 다루는 책 중에 『마지막 임금님』이라는 책이 있습니다. 책을 읽고 아이와 나눴던 대화를 짤막하게 소개합니다. 먼저 줄거리를 살펴볼까요?

<마지막 임금님>

옛날 어느 나라에 한 임금님이 살았습니다. 임금님은 나라를 열심히 만들었기 때문에 자기보다 백성이 행복해서는 안 된다는 법을 만들었습니다. 임금님은 자기보다 행복한 사람에게 벌을 내리겠다고 선포했죠. 어느 날, 한 사나이가 너무 행복하다고 말했습니다. 임금님은 사나이의 촌장 자리를 빼앗아 버렸습니다. 하지만 사나이는 여전히 행복하다고 말했습니다. 그러자 임금님은 가족과 사나이를 헤어지게 만들었습니다. 그래도 사나이는 행복하다고 말했습니다. 이번에 임금님은 사나이의 가족을 모두 죽여버렸습니다. 그래도 사나이가 행복하다고 말하자 사나이에게 독배를 내렸습니다. 하지만 사나이는 죽으면 가족을 다시 볼 수 있어 행복하다고 말했습니다. 그러자 임금님은 그 독배를 마시고 죽어버렸습니다.

학생 A: 선생님! 저는 사나이가 도저히 이해되지 않아요!

선생님: 어떤 부분을 이해할 수 없니?

학생 A: 사나이가 가족까지 희생하면서 행복하다고 말한 것을 이해할 수 없어요!

선생님: 사나이는 왜 가족을 희생하면서까지 행복하다고 했을까?

학생 B: 사나이의 행복의 기준이 다른 사람과 다르기 때문인 것 같아요

학생 C: 임금님이 자기보다 행복해서는 안 된다고 법을 만들어놨는데 법을 지키지 않은 것은 잘못이에요. '악법도 법이다' 라는 말이 있잖아요.

선생님: 사나이는 왜 헌법을 지키지 않았을까?

학생 B: 법은 지켜야 하지만 이야기 속의 임금님이 만든 법은 백성을 위한 법이 아니에요.

아이들과 저자가 위처럼 질문을 주고 받을 수 있다는 건 아이들이 그만큼 『마지막 임금님』 속 이야기에 몰입이 됐다는 것을 의미합니다. 다시 말해 책과 대화를 했다고 할 수 있는 것이죠. 이렇게 하나의 이야기를 읽고 친구들과 책 내용에 대해서 나누다 보면 질문과 대답을 통해 독서의 즐거움을 더 많이 느낄 수 있습니다.

아이와 함께 독서를 하고 나면 책 내용에 대해 아이가 자유롭게 이야기를 펼칠 수 있도록 도와줘야 합니다. 책 내용 중 가장 이해되지 않았던 부분이라든지 인상적인 부분이라든지, 어떤 등장인물이 생각나는지 등 질문을 던져주면 자연스레 아이와 책에 대한 이야기를 할 수 있습니다. 앞서 질문을 시작하는 것이 어렵다면 책 제목을 질문으로 활용할 수 있다고 말씀 드렸던 것도 기억해주세요.

Q&A 노트를 활용하라!

아이 스스로 책에 대한 이야기를 시작하게 하기 위한 방법 중 하나는 Q&A 노트를 만드는 것입니다. 책을 읽고 나서 이해가 안 되거나 궁금한 점이 있을 때마다 노트에 적도록 하는 것이죠. 그리고 아이 스스로 답을 달아보게 하는 것입니다. 책을 읽고 나면 궁금한 게 너무 많아 질문이 끊이지 않은 아이를 둔 엄마가 이야기를 정리해주기 힘들다고 상담했을 때, 추천해드린 방법이기도 합니다. 아이 스스로 궁금증에 대해 묻고 답하는 연습을 하다 보면, 자연스럽게 책에 대한 이야기가 이어질 수 있습니다. 물론 혼자서 답을 찾기 어려운 질문은 부모님이 해결해주는 것이 좋습니다.

> **'이상한 나라의 앨리스'를 읽고 내가 만든 질문**
>
> 앨리스는 왜 찬장에 있던 단지를 잡았을까요?
> 앨리스는 왜 자기가 알고 있는 지식을 어렵게 말했을까요?
> 앨리스는 왜 작은 병을 들어 단숨에 마셨을까요?
> 앨리스는 왜 되지도 않는 말을 계속했을까요?

책을 읽고 나서 책이 재미있었는지 없었는지 만을 묻는 것은 결과만을 중요하게 생각하는 질문입니다. 이런 이분화된 질문은 아이의 독서력에 좋은 영향을 미치지 못합니다. 사고에 강한 창의적인 아이로 자라게 하기 위해서는 독서의 과정이 중요합니다. 단순히 재미유무를 묻고 끝나는 방식의 질문이 아니라 자유로운 소통을 통해 아이 스스로 책이 즐거운 대화거리라는 것을 깨우치게 만들어야 합니다. 책을 친구처럼 생각하게 만드는 것, 재미있는 놀이 도구로 여길 수 있게 하는 것이 우선입니다.

일상 생활에서 아이에게 문제가 발생했을 때도 아이에게 먼저 물어보세요. 대부분의 아이는 자신의 문제점을 알고 있습니다. 그런데 늘 '너의 문제는 이거다'라고 일방적으로 지적하는 나쁜 습관을 가지고 있는 부모님들이 많습니다. 이런 말은 아이의 의욕을 꺾고 반항심을 유발할 수 있습니다. 아이들은 스스로 자신의 문제를 깨달았을 때 변하기 시작합니다.

> **Q. 고학년에 올라간 후로 책 읽는 것도 싫어하고 이야기 하는 걸 어려워해요**
> 책을 싫어하는 아이들은 이야기를 쉽게 할 수 있도록 인물이 많이 나오는 책을 읽히는 것이 좋습니다. 등장인물이 많으면 소재가 다양해 보다 쉽게 이야기가 진행할 수 있기 때문이죠. 스토리를 좋아하는 아이들은

논픽션보다는 픽션으로 된 책을, 사회나 과학 등에 관심을 보이는 아이들은 논픽션의 책을 권하는 것도 좋습니다. 무엇보다 아이가 관심을 보일 만한 책을 선택해서 책에 대한 대화를 자연스럽게 시작할 수 있도록 돕는 것이 중요합니다.

읽었던 책에 대해 이야기를 시작하는 것이 가장 우선입니다. 억지로 강요해서는 안 됩니다. 될 수 있으면 부모님과 아이가 같은 책을 읽는 것이 좋습니다. 부모님이 책 내용을 알고 있다는 사실을 아이가 인지하게 되면 아이와 쉽게 공감대를 형성할 수 있습니다.

Summery!

아이들은 자신이 알고 있는 지식을 공유하고 싶어 합니다.
독서를 하고 인상 깊었던 내용을 이야기하는 대화를 하면, 말하는 능력도 기를 수 있고 질문하고 답하는 과정에서 독서의 즐거움을 찾을 수 있습니다.
아이와 함께 독서를 하고 나면 책 내용에 대해 아이가 자유롭게 이야기를 펼칠 수 있도록 도와주세요. 책 내용 중 가장 이해되지 않았던 부분이라든지, 인상적인 부분이라든지, 어떤 등장인물이 생각나는지 등 적절한 질문을 던져주면 자연스레 아이와 책에 대한 이야기할 수 있습니다.

Q&A 노트를 활용하라!
책을 읽고 나서 이해가 안 되거나 궁금한 점이 있을 때마다 노트에 적도록 합니다. 그리고 아이 스스로 답을 달아보게 하는 방법이죠.

06
친구들과 함께하는
소규모 독서 모임에 참여하라!

가족 독서 모임에서 기본적인 독서훈련이 됐다면 친구들과 하는 독서 모임에 참여하는 단계로 넘어갑니다.

아이들은 호기심이 많습니다. 책을 읽고 나서 책에 대해 말하고 싶어하는 심리가 있습니다. 단순히 책을 읽고 끝내버리는 경우에는 지식이 확장되지 않습니다. 아이들이 읽어야 할 책은 무척 많습니다. 책을 읽는다고 그 많은 내용을 모두 기억할 수 있는 것이 아니기 때문에 책을 읽고 부모님이나 친구들에게 자신의 생각을 말하는 시간을 갖는 것이 무척 중요합니다. 독서 모임은 아이의 독서력을 키우는 데 꼭 필요한 시간입니다. 친구들과의 소규모 독서 모임은 한 권의 책을 통해 다양한 생각을 들어볼 수 있어 사고력 확장에 큰 도움이 됩니다.

"우리 아이는 혼자 책 읽는 것을 좋아하는데, 모둠수업이 필요한가요?"

가끔 부모님과 상담을 해보면 이런 질문을 받을 때가 있습니다. 여럿이 함께 하는 모둠수업을 진행할 때, 아이들이 수업에 더욱 활발히 참여하는 경향이 있습니다. 모둠수업은 특히 고학년 아이들에게 효과적입니다. 수업에서 질문을 하고 자기 생각과 다른 친구들의 생각을 나눌 수 있어 호기심이 더욱 자극되기 때문입니다. 모둠수업을 통해 아이들은 여러 친구들의 생각을 듣고 의견을 나눌 수 있습니다. 사춘기의 아이들이 서로 묻고 답하게하면서 문제 해결 능력을 키워갈 수 있는 것이죠.

독서 후에 함께 토론하면 혼자 책을 읽었을 때 풀 수 없었던 궁금증을 친구들과의 이야기를 통해 해소할 수 있어, 미처 생각지 못했던 또 다른 궁금증을 가질 수 있습니다. 호기심을 키우기 위해서는 경험이 많아야 하는데 독서라는 간접경험을 통해 아이들은 다양한 생각을 할 수 있습니다. 소규모 독서 모임은 여러 번 거듭할수록 더 큰 도움이 됩니다.

1. 집중력 친구들의 생각을 듣게 함으로써 자연스럽게 집중력이 길러집니다.

2. 사고력 상호토론으로 다양한 생각을 주고 받으며 사고력이 확장 됩니다.

3. 표현력 다양한 사고력을 바탕으로 확장된 글쓰기를 할 수 있습니다.

요즘 초등학교에서는 토론 수업을 많이 합니다. 수행평가의 대부분이 모둠수업 형식일 정도인데요. 함께 하는 수업을 통해 타인에 대한 배려심을 기를 수 있는 것은 물론 경청의 습관을 들일 수 있어 좋습니다. 또한 생각을 정리하고 사고를 확장시키는 데 도움이 됩니다.

우선 가장 친한 친구들끼리 독서 모임을 시작해보세요. 가족과 또래집단의 공통분모가 다르기 때문에 새롭게 사고하는 법을 배울 수 있습니다. 물론 또래 아이들끼리는 더 쉽게 공감할 수 있기도 하죠.

또래라고 해도 독서수준이 극과 극일 수 있습니다. 3학년이지만 1학년 수준의 독서력을 가지고 있는 아이가 있는 반면, 고학년 수준의 독서력을 가지고 있는 아이도 있습니다. 이런 아이들이 함께 독서 모임을 하게 되면, 서로의 독서 태도를 아이들 스스로 비교해서 다른 아이의 장점도 자신의 것으로 만들 수 있습니다. 같은 책을 읽었다고 해도 저마다의 생각과 관점이 다르기 때문에 가치관에도 영향을 받게 되죠.

소규모 독서 모임에 참여하는 것은 입체적이고 심도 있게 독서하는 계기가 될 수 있습니다. 책 속에서 내가 놓친 부분을 다른 친구가 이야기하면 생각의 외연이 넓어지고, 이에 자극을 받아 또 다시 책을 읽게 됩니다. 그렇게 아이의 생각이 꼬리에 꼬리를 물고 넓어지는 것이죠.

저자가 가르치고 있는 한 아이의 어머니는, 아이의 친구들이 집에 놀러 올 때 책을 한 권씩 가져오게 합니다. 놀기 전 10분 정도의 독서시간을 갖게 하기 위한 것인데요. 자연스레 친구들과 함께 독서하는 자리가 만들어 지는 짧기는 하지만 이런 독서 시간을 통해 아이는 친구들의 독서습관을 파악할 수 있고 자신의 잘못된 독서태도를 스스로 고쳐나갈 수도 있습니다.

저자의 수업에서는 초등학교 3학년부터 눈으로만 읽는 묵독 훈련을 시작합니다. 보통 5~7분 정도의 시간으로 진행되는데요. 처음부터 끝까지 집중해서 읽는 아이들이 있는 반면 산만한 아이들도 있습니다. 이런 상황에서 산만한 아이는 친구와의 비교를 통해 자신의 잘못된 독서태도를 스스로 느끼게 됩니다. 이렇듯 아이 스스로 자신을 되돌아보는 것은 아이의 잘못된 독서 태도를 고치는 데 좋은 방법이 될 수 있습니다. 부모님이 일방적으로 지적을 하면 아이의 자존감이 떨어지기 쉽죠.

Summery!

가족 독서 모임이 익숙해지면 주변 친구들과 소규모 독서 모임을 만들어 주세요!
같은 또래의 소규모 독서 모임에서는 읽은 책에 대해 서로의 생각을 나눌 수 있습니다. 또한 시야를 넓혀주는 것에도 큰 도움이 됩니다. 친구와의 상호작용을 통해 다양한 생각과 올바른 독서 태도를 바로 잡을 수 있어서 좋습니다.

모둠수업을 통해 여러 친구들의 생각을 듣고 의견을 나눌 수 있습니다. 사춘기 아이들이 서로의 질문에 묻고 답하면서 자연스럽거나 문제 해결 능력을 키워갈 수 있습니다.

07
눈으로 보고 경험하는,
독서를 체험하라!

"체험 독서는 어떻게 해야 하나요?"

백문불여일견! 백번 듣는 것보다 한번 보는 것이 낫다는 말입니다. 직접 경험으로 체득한 지식은 쉽게 사라지지 않습니다. 독서도 마찬가지입니다. 아이가 그저 책을 읽는 것에서 그치지 않고 눈으로 직접 확인하고 경험하는 독서가 될 수 있도록 지도해야 합니다.

초등학교 3학년은 깊이 있는 독서를 시작하는 시기입니다. 전래동화나 위인전에서 벗어나 사회, 역사, 과학, 문화 등 다양한 분야의 책을 읽기 시작하는 시기이기도 합니다. 학교에서도 초등학교통합교과에 따른 교과과목의 연계를 통한 수업이 더욱 활발히 진행됩니다. 때문에 이 시기에는 독서 그 자체로 끝내기 보다는 체험을 통한 다양한 지식을 연계해주는 것이 아이의 독서력을 키우는 데 도움이 됩니다.

1. 눈으로 직접 확인시켜라!

가끔 체험 독서를 어려워하는 부모님이 있습니다. 가장 쉬운 체험 독서는 책 속에 나왔던 인물의 생가나 책의 배경이 된 역사 속 유적지를 찾아가보는 것입니다. 아이는 이러한 직접적인 체험을 통해 독서를 재미있는 놀이로 인식할 수 있습니다. 요즘은 아이들이 다양한 체험할 수 있는 곳이 참 많습니다. 박물관이나 미술관, 영화관 등 아이가 읽었던 책과 연결되는 장소를 직접 찾아가 체험하게 해주면, 아이는 독서를 생활 속 일부분으로 자연스럽게 받아들일 수 있습니다. 읽었던 이야기를 직접 체험하면 아이의 기억에도 더욱 오래 남게 됩니다.

2. 독서 일기를 쓰게 하라!

독서를 체험한 뒤, 생활 일기를 쓰게 하는 방법도 좋습니다. 책 속에 나왔던 곳에 다녀온 경험을 일기 형식으로 쓰게 하는 것입니다. 독서 일기를 쓸 수 있는 노트를 별도로 만들어주면 좋습니다. 독서 일기를 쓰면 아이는 자신의 생각을 스스로 정리할 수 있게 됩니다. 체험 독서는 앉아서 눈으로 읽는 단순한 행위에서 벗어나, 책을 생생하게 느끼고 자신의 생각을 능동적으로 표현하는 글쓰기로 이어지게 만듭니다.

3. 기행문을 쓰게 하라!

가족과 함께 하는 여행에서도 독서 체험을 할 수 있습니다. 아이와 여행을 가기 전 여행하는 지역이나 나라와 관련된 책을 읽게 하는 것도 독서 체험의 한 방법입니다. 아이가 여행지와 관련된 책을 가져가게 하는 것도 좋습니다. 가장 좋은 것은 책을 읽고 기행문을 써보게 하는 것입니다. 고학년의 경우에는 박지원의 『열하일기』나 유홍준의 『나의 문화유산 답사기』 같은 기행문으로 체험 독서를 할 수도 있습니다.

4. 책과 책을 잇는 독서를 하라!

한 권의 책을 읽고 박물관도 가고 독서 일기도 썼다면 이후 어떻게 다른 책으로 넘어가야 할지 고민되기 시작합니다. 어른이라면 어떻게 할까요? 자연스럽게 저자의 다른 책을 찾아보거나 책 속에 언급됐던 다른 책을 읽어보려고 할 것입니다. 아이의 독서도 다르지 않습니다. 아이가 특정 인물에 관련된 책을 읽었다고 가정해봅시다. 책 속 인물이 과학자였다면 다른 과학자와 관련된 책을 연계하여 읽도록 유도할 수 있습니다. 더 넓게는 인물이 살았던 시대와 관련된 역사책을 골라주면 됩니다. 가령 박지원의 『허생전』을 읽고 나서는 박지원의 「호질」 또는 「열하일기」를 추천해주는 것입니다.

> **Key Point!**
>
> 전혀 상관 없는 책들을 무작위로 읽는 것이 아닌 연관된 책을 연달아 읽는 체험 독서를 하게 되면, 자연스럽게 독서의 영역이 넓어지고 해당 분야에 관한 흥미와 재미를 느낄 수 있습니다.

"부모님의 강요에 의한 체험이 되지 않아야 합니다!"

아이가 체험 독서를 할 때 가장 하지 말아야 할 것이 있습니다. 바로 부모님의 강요에 의한 체험이 되지 않도록 하는 것입니다. 무조건 책을 읽고 체험하게 하는 것이 아니라 아이의 생각을 들어보는 것이 먼저입니다.

가령 아이가 한 권의 책을 읽었다고 가정해봅시다. 아빠가 아이에게 이렇게 질문을 합니다. "아빠는 이 책에 나왔던 장소가 궁금한데 너는 어떠니?" 아빠의 질문으로 아이의 호기심을 유도하는 것입니다. 관심을 강요하는 대신 아빠도 함께 체험하고 싶은 마음을 표현하면 아이는 아빠와 공감대를 형성하게 됩니다.

아이의 호기심을 자극시켜 동기부여를 해주는 것이 체험 독서에 훨씬 효과적입니다. 아이가 독서를 숙제처럼 느끼지 않도록 돕는 것이 체험 독서의 가장 중요한 포인트입니다. 독서뿐 아니라 모든 학습은 재미있게 즐기면서 할 수 있도록 이끌어주는 것이 필요합니다.

아이와 함께 더 읽어 보세요.
아래의 책을 읽고 나서 아이와 이야기를 나눠보세요. 체험 독서를 통해 아이의 생각이 자라나고 부모님과 아이의 공감대를 형성할 수 있습니다.

- 우렁이 각시
- 선녀와 나무꾼
- 두루미 아가씨
- 하늘을 나는 교실 (에리히 게스트너)
- 사랑의 학교 (에드몬도 아미치스)
- 다르게 보이는 아이들 (게르다 윤)

*추천한 책은 주니어 플라톤 자료에서 참고했습니다

학교에서도 다양한 체험학습이 진행되고 있지만 대부분의 체험학습은 아이에게 뚜렷한 목적의식을 심어주지 못할 때가 있습니다. 아무리 체험학습을 많이 해도 동기부여가 되지 않으면 무용지물이 될 수밖에 없습니다.

독서도 이와 같습니다. 책을 읽었다고 무작정 어디론가 데려가는 것은 아이에게 큰 부담이 될 수 있습니다. 책을 읽을 때마다 아이는 엄마의 강요로 체험을 가게 될 것을 예상하게 됩니다. 이렇게 되면 아이는 독서에 대한 즐거움을 전혀 느끼지 못하는 것은 물론 되려 책을 멀리 하는 부작용이 생길 수 있습니다.

"책을 읽고 나서 혹시 가보고 싶은 장소가 있니?"
"엄마는 이 책에 나온 이곳을 가보고 싶은데, 너는 어때?"

빠르게 변화하는 시대에 살고 있는 우리 아이들에게 무조건적인 다독은 맞지 않습니다. 하루가 다르게 새로운 정보가 생기고 전혀 다른 분야의 지식 융합이 일어나는 시대의 흐름에 맞춰 독서 역시 달라져야 합니다. 책을 읽고 자기것으로 만들어야 살아있는 지식이 될 수 있습니다.

일반적인 초등학교 수업에서도 선생님이 아이에게 경험에 대한 질문을 하는 경우가 많습니다. 체험은 독서에만 국한된 것이 아닙니다. 아이가 경험한 모든 것들이 교육이 되는 시대입니다. 고학년 아이들은 수업 시간에 '세상에는 왜 부자와 가난한 사람들이 있을까?', '정부와 개인 중 빈익빈부익부 현상에 대해 더 큰 책임을 져야 하는 것은 어느 쪽인가?' 등의 질문과 마주하게 됩니다. 빈부 격차에 대한 책을 다양하게 읽었거나 그런 경험을 해본 아이들이라면 더 깊게 주제에 다가갈 수 있겠죠.

체험 독서의 핵심은 책을 읽고 난 뒤 아이와 등장인물의 공감대를 찾아주는 것입니다. 아이는 체험 독서를 통해 책에 훨씬 큰 애정을 갖게 됩니다. 부모님은 적절한 질문을 통해 체험에 대한 아이의 의견을 구해야 합니다. "이런 경험을 하면 어떨 거 같아?" 혹은 "아빠도 어렸을 때 꼭 해보고 싶었는데 상황이 여의치 않아 못했었어. 이번에 같이 가볼까?" 라고 말입니다. 아이와 생각을 공유하고 한 달에 한번 정도 체험을 하는 것 좋습니다. 요즘에는 각 지역 관공서에서 운영하는 무료 체험학습장들이 많습니다. 이런 공간을 잘 활용하면 많은 비용을 들이지 않고 다양한 체험 독서를 할 수 있습니다.

Summery!

책 속에만 아이를 가두지 말고 체험 독서를 시켜주세요!

책과 책을 잇는 체험 독서를 통해 아이는 독서에 대한 다양한 흥미를 또 한번 느낄 수 있습니다. 아이에게 실제로 경험해 보고 싶은 책 속 내용을 물어 보고 가능하면 실천할 수 있도록 도와주세요!

체험 독서를 할 때는 아이의 의견을 먼저 물어 봅니다. 부모님의 강요로 무작정 체험 독서를 하게 되면 부담을 느끼게 되고 나아가 독서 자체에 대한 흥미를 잃게 될 수 있습니다. 아이의 호기심을 자극시켜 동기부여를 해주는 것이 체험 독서에 훨씬 효과적입니다.

08
책과 대화하게 하라!

책을 읽고 있는 장면을 떠올려보세요. 겉으로 보면 글자를 눈으로 읽어내는 단순한 행위처럼 보입니다. 하지만 사실 독서의 본질은 작가의 생각을 듣는 것에 가깝습니다. 책은 말을 하지 않지만 독자는 책을 읽으면서 머릿속으로 무수한 생각을 합니다. 저자는 '책이 독자의 생각을 들어준다'라고 표현하는데요. 독자는 책을 읽으면서 장면을 떠올리고 상황을 상상할 수 있습니다. 등장인물들의 대화를 들을 수도 있죠. 독서는 기본적으로 소통하는 훈련이라고 할 수 있습니다.

아이가 독서를 집중해서 할 수 있으면 타인의 이야기도 경청할 수 있습니다. 요즘 아이들은 다른 사람의 이야기를 잘 듣지 않으려고 합니다. 가정 내 자녀 수가 줄어들면서 자기 위주의 이야기는 많이 하는 반면 남의 이야기는 잘 듣지 않는 경향이 강해진 것입니다. 독서를 하면 다양한 인물과 상황을 접할 수 있기 때문에 타인의 생각을 이해하고 배려할 수 있는 힘을 기를 수 있습니다.

수업을 할 때 질문을 한번에 이해하는 아이들이 있는가 하면 여러 번 이야기해도 이해하지 못하는 아이가 있습니다. 집중력의 차이에서 비롯된 것인데요. 집중력도 습관입니다. 책과 대화하는 훈련을 통해 집중력도 충분히 향상시킬 수 있습니다.

1. 나의 질문만들기

왜 부족 회의에서도 모글리의 자리가 생겼나요?
모글리는 왜 사람이 사는 곳으로 갔을까요?
왜 아버지 늑대는 시어 칸에게 쫓기는 모글리를 도와주었을까요?
왜 시어 칸은 전에 놓친 모글리를 먹으려고 10년 동안이나 늑대들에게 설교를 할까요?
왜 모글리는 아킬라가 비명 지르는 소리를 듣고 내일은 네 운명이 결정된다고 했을까요?
정글에서는 가축을 죽이는 게 수치스럽다고 했나요?
처음에 모글리가 아이였을 때 왜 이름을 모글리라고 했을까요?

2. 생각 정리 하기 (생각 지도)

모글리는 자신이 늑대라고 생각할까요, 사람이라고 생각할까요?
모글리는 앞으로 다른 동물들과 잘 어울리며 지낼 수 있을까요?
모글리가 마을로 내려가면 사람들과 잘 어울리며 지낼 수 있을까요?
모글리는 어떤 곳에서 지내는 것을 더 행복하게 느낄까요?

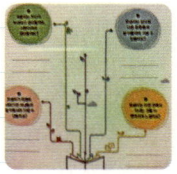

출처 : 주니어 플라톤 참고

저자가 두 번째 챕터의 제목을 '책과 대화하는 단계'라고 이름 붙인 이유는 독서가 읽는 행위만이 아니라는 것을 말하고 싶었기 때문입니다.

독서의 기본은 읽기입니다. 하지만 활자를 눈으로만 읽어내는 독서는 제대로 된 독서가 아닙니다. 작가가 말하고자 하는 바가 무엇인지 파악할 수 있어야 합니다. 책의 이야기를 잘 듣는 아이들은 당연히 이야기의 주제를 금방 찾아낼 수 있습니다. 듣기 능력은 이해력과 바로 연결됩니다. 대화는 상대방이 눈 앞에 있어야만 할 수 있는 것이 아닙니다. 사물과도 할 수 있고 마음 속 자신과도 할 수 있습니다. 책을 읽는 것은 책과 대화를 하는 것이기도 합니다. 독서에 집중하면 책이 가진 감정과 책이 전달하고자 하는 이야기를 마음으로 들을 수 있습니다. 아이가 책과의 대화에 집중하기 위해 충분한 독서 시간을 주는 것이 좋습니다.

친구들과 다툼이 있을 때, 아이 스스로 문제를 해결하지 못하는 경우가 더러 있습니다. 가장 큰 이유는 친구의 이야기를 듣지 않기 때문입니다. 어려서부터 책과 대화하는 습관을 들이면, 책 속의 다양한 인물들을 경험하게 되고 나아가 등장인물들과 대화를 나눌 수 있게 됩니다. 이 과정에서 아이의 이해력과 문제 해결 능력이 자연스럽게 향상됩니다. 생각의 폭이 넓어지기 때문입니다. 책 속 주인공과 대화할 수 있다는 것은 상대방의 입장을 이해 할 수 있게 된다는 뜻입니다. 상대방의 입장을 이해하다 보면 포용력도 커지기 마련입니다. 책을 많이 읽은 아이들은 친구들과의 사이가 좋은 경우가 많습니다.

거인 아저씨께!

안녕하세요? 거인 아저씨!
저는 예전에 아저씨 정원에서 놀았던 우빈이에요.
저는 지금 학교에서 열심히 공부하고 있어요.
거인 아저씨, 그 때 저와 놀아 주셔서 정말 감사했어요. 아저씨와 놀던 게 참 재미있었는데........
그때를 생각하면 아저씨가 보고 싶어요. 아저씨 잘 살고 계시죠?
아저씨 다음 생에 만나요.

2017년 6월 9일 우빈 올림.

책 속 인물들의 말과 행동을 살펴보면 그 성격과 성향을 파악할 수 있습니다. 사람의 특성을 파악하는 데 익숙해지면 학교생활을 할 때도 친구들과의 충돌을 줄일 수 있습니다. 누구나 성장 과정 속에서 자신을 힘들 게 하는 사람들을 만나게 됩니다. 어려운 상황에 놓였을 때, 아이가 상대방의 이야기를 경청하고 능동적으로 대처하면 스스로 문제를 해결할 수 있습니다. 때문에 아이들이 책하고 대화를 많이 해보는 게 무척 중요합니다.

"주인공에게 편지를 써보세요!"

아이가 책을 읽고 난 후, 주인공이 이상하다고 말하는 경우가 있습니다. 그럴 때는 아이 스스로 주인공의 어떤 면이 이상한지 생각해보는 것이 중요합니다. 주인공한테 편지를 써보는 것도 좋은 방법입니다. 감사, 충고, 위로, 상담 등등의 편지를 통해 주인공에게 하고 싶은 말을 하면서 감정을 풀게 하는 것입니다.

부모가 아이 옆에 24시간 붙어 있을 수 없기 때문에 아이 스스로 문제를 해결하는 습관을 길러주는 것이 중요합니다. 책과 대화하는 독서 시간을 갖는 것이 최고의 훈련 방법입니다. 혼자만의 시간을 가지면서 조용히 책과 대화를 하면, 경청하는 힘을 기를 수 있습니다. 경청은 비판적인 사고를 키우는 데 많은 도움을 줍니다. 책의 저자가 말하는 이야기들을 잘 들을 수 있는 아이는 스스로 생각하고 질문도 해보고 해답을 찾으려 노력 합니다. 그런 과정 속에서 아이는 자연스럽게 문제를 해결하는 방법을 알아 가게 됩니다. 때문에 독서를 통해서 경청하는 힘을 기른 아이들은 다른 상황에 놓여도 스스로 문제를 해결하는 방법을 보다 쉽게 터득할 수 있습니다.

Summery!

책과 대화할 수 있는 방법으로 '주인공에게 편지쓰기'를 추천합니다.

주인공에게 편지쓰기는 상대방의 생각을 헤아리고 배려하는 태도를 기르는 데 도움을 줍니다. 또한 주인공에게 감정이입을 할 수 있기 때문에 공감 능력이 좋아집니다.

독서를 하면 다양한 인물과 상황을 접할 수 있기 때문에 타인의 생각을 이해하고 배려할 수 있는 힘을 기를 수 있습니다. 감사, 충고, 위로, 상담 등등 의 편지를 통해 주인공에게 하고 싶은 말을 하면서 아이의 감정을 풀어 놓을 수 있게 지도해주세요.

09
아이의 독서 공간을 점검하라!

우리 집은 아이가 독서를 하기에 적합한 환경인가요?

아이의 방은 대부분 네모난 책상이 한 쪽 벽을 바라보고 있는 구조입니다. 아이가 공부에 집중할 수 있도록 부모님이 만들어 놓은 구조이기 쉽죠. 엄밀히 말해서 이런 형태의 공간은 공부를 하기 위한 환경이지 독서를 하기 위한 환경은 아닙니다.

벽면을 마주한 네모난 책상은 아이가 책을 읽기에 너무 폐쇄적이고 부담스러운 환경입니다. 집중력이 약하고 산만한 아이의 경우, 그런 공간에서 책을 읽게 하면 독서를 더욱 기피할 수 있습니다. 아이의 방에는 가급적 원탁의 책상을 놓으라고 권하고 싶습니다.

출처 : 주니어 플라톤 참고

초등학교 6학년인 만 11~12세 이전의 아이들은 호기심이 왕성하고 부모님의 도움을 수시로 필요로 합니다. 이 시기의 아이들은 열린 공간에서 부모님 혹은 친구와 함께 독서를 해야 보다 책에 재미를 더 느낄 수 있습니다. 벽면을 마주한 책상은 아이를 독서에 가두는 것과 같습니다. 책상 없이 바닥에서 책을 읽는 것도 좋지 않습니다. 자세가 나빠질 뿐만 아니라 집중도도 떨어집니다.

아이 방에 원탁의 책상을 놓아주세요!

아이 방에 원탁의 책상을 놓을 때는 책꽂이를 벽면으로 하고 그 사이에 원탁을 놓으세요. 아이만의 도서관을 만들어준다고 생각하시면 됩니다.

보통 우리나라 부모님들은 아이 혼자 공부하는 방식이 성적 향상에 도움이 될 것이라 생각하지만 창의력을 필요로 하는 요즘의 아이들에게는 적합하지 않는 환경입니다. 독서도 마찬가지입니다. 요즘 아이들은 친구들과 토론하고, 체험을 통해 다양한 생각들을 받아들이며 학습하는 교육을 받고 있습니다. 혼자 온전히 몰두해서 공부를 해야 하는 중·고등학교 시기에는 벽면을 보고 있는 책상 구조가 나쁘지 않지만 아직 가치관이 형성되지 않은 초등학교 시기에는 트여있는 원탁에서 공부하고 독서하는 것이 바람직합니다.

덴마크는 교육 선진국으로 알려져 있는 대표적인 나라입니다. 덴마크 초등학생의 방은 우리와 같은 딱딱한 구조가 아닌 자유로운 형태로 이루어져 있습니다. 특히 네모난 책상 대신 원형의 책상이 놓여져 있는 경우가 많은데요. 그에 반해 우리나라 초등학생의 방은 구조를 보지 않아도 알 수 있을 정도로 거의 똑같습니다. 이런 곳에서 아이의 창의력이 발휘될 수 있을까요?

저자가 아이들과 원탁에 둘러앉아 수업했을 때와 그렇지 않았을 때를 비교해보면, 확실히 원탁에 둘러앉아 수업했을 때 아이들의 참여도가 월등히 높았습니다. 원탁에서 모둠수업을 하면 아이들의 학습 분위기도 활발해집니다. 또한 서로 평등하게 둘러앉아 있기 때문에 자유로운 토론이 용이합니다.

거실을 활용한 독서 공간도 좋아요!

아이의 독서 방을 별도로 만들어줄 여유가 없다면 가족이 함께 할 수 있는 독서 공간을 만드는 것도 좋은 방법입니다. 거실을 활용해 가족이 함께 책을 읽을 수 있는 공간을 만들어보세요. 가족이 함께 책을 읽는 것은 아이에게 좋은 독서 환경이 될 수 있습니다. 독서 공간에서 자연스럽게 책을 읽는 모습을 아이에게 보여주면, 아이가 자연스럽게 독서에 참여하게 됩니다. 굳이 아이에게 독서하라고 강조할 필요가 없어지는 것이죠. 독서 환경만 잘 조성되면 아이가 자발적으로 독서에 참여할 수 있습니다.

만약 서재가 있다면 가족이 함께 쓰는 학습 공간으로 활용하는 것도 좋습니다. 독서뿐만 아니라 부모님이 열중해서 일하는 모습은 아이에게 좋은 본보기가 됩니다. 아이의 학습에 동기부여가 될 수도 있죠. 공부 하라고 잔소리할 필요가 없게 되는 것입니다.

대부분의 아이들은 독서를 의무라고 생각합니다.
독서를 하나의 과제라고 생각해서 부담스러워 합니다. 요즘 아이들은 독서가 아니더라도 학교 과제뿐만 아니라 학원, 학습지 등등 해야 할 것들이 많기 때문에 독서까지 숙제처럼 여겨서는 안 됩니다. 어렸을 때는 부모님과 함께 책을 읽을 수 있지만 학년이 올라가면 학과 공부와 학원 수업으로 독서 시간이 빠듯해지기 마련입니다. 더구나 학년이 올라갈수록 책의 페이지수도 늘어나고 글밥도 현저히 많아 집니다. 어렸을 때부터 독서를 아주 좋아했던 아이라도 이런 상황과 마주하게 되면 독서에 어려움을 느끼기 쉽습니다. 때문에 책을 친구이자 놀이로 인식하게 만드는 것이 중요합니다. 아이에게 독서할 수 있는 공간을 만들어주는 것도 바로 이런 이유 때문입니다. 부모님과 함께 책을 읽으면 유대감이 생기기 마련이고, 아이가 궁금증이 생겼을 때 그 자리에서 바로 질문을 던지고 해답을 얻을 수가 있습니다.

> **Q. 함께 책을 읽을 때, 아이가 계속 질문을 하면 어떻게 해야 할까요?**
> 만약 아이가 책을 읽다 계속 질문을 해서 흐름이 끊긴다면 메모지를 옆에 두고 궁금증이 생길 때마다 적게 하세요. 책을 다 읽고 난 후에 아이 스스로 해결하지 못할 것 같은 궁금증에 답을 달아 주는 겁니다. 처음부터 끝까지 혼자서 할 수 있는 자립성을 심어주는 것도 독서에서 아주 중요합니다. 부모님이 중간에 개입을 하기 시작하면 끝이 없어집니다. 스스로 독서하는 습관은 환경에서부터 시작합니다.

Summery!

아이의 독서 공간이 제대로 만들어져 있는지 다시 한번 살펴 봅니다. 아이가 편안함을 느낄 수 있도록 독서방을 만들어 주는 것도 좋은 방법입니다. 즐겁게 독서방으로 들어 갈 수 있도록 분위기를 조성해주는 것이 좋습니다.

1. 벽면을 마주한 네모난 책상 보다는 가급적 원형 책상을 놓아주세요.
2. 책상 없이 바닥에서 책을 읽는 것은 좋지 않습니다. 자세가 나빠질 뿐만 아니라 집중도도 떨어집니다.
3. 거실을 활용해 가족이 함께 하는 독서 공간을 만들어 보세요!

10
독서 집중력을 높여라!

아이들의 독서를 지도하다 보면 아이마다 독서 태도가 무척 다르다는 것을 알 수 있습니다. 또래의 아이들이라고 하더라도 같은 책을 읽고 다양한 반응들을 보이는 것이죠.

"우리 아이가 책을 제대로 이해하며 읽고 있는지 잘 모르겠어요."

부모님들이 많이 하는 질문 중 하나인데요. 사실 엄마가 아이에게 질문 하나만 던져보면 답을 쉽게 알 수 있습니다. **"엄마는 책 속 주인공의 이런 행동이 이해가 되지 않던데 너는 어땠니?"** 라고 물어보는 겁니다. 이 때 아이가 '주인공의 행동'을 인지하지 못하고 엉뚱한 대답을 한다면, 책을 제대로 이해하지 못했다는 증거입니다. 엄마가 주인공의 특정한 행동에 대해 분명하게 물었음에도 적절한 대답을 하지 못한다면, 집중해서 책을 읽었다고 보기 어렵죠. 대충 눈으로 읽기만 했을 뿐 책에 나온 인물의 행동이나 성격을 파악하지 못한 겁니다. 늘 강조하지만 독서는 눈으로 단순히 활자를 읽는 것이 아닙니다. 한 권의 책을 읽더라도 주인공의 말과 행동에 집중하며 읽는 독서훈련을 해야 합니다.

아이가 고학년으로 올라가게 되면 고전을 많이 접하게 됩니다. 고전은 등장하는 인물이 많을 뿐 아니라 벌어지는 사건이 복잡하고 시대적 배경도 다양합니다. 「박씨부인전」을 예로 들어볼까요?

> 「박씨부인전」은 전생의 죄로 흉측한 모습을 하고 이시백과 혼인을 하는 박씨 부인의 이야기를 그리고 있습니다. 이시백은 혼인 후 몇 달 동안 부인에게 가지도 않고 돌보지도 않지만 슬기롭고 도술에 능한 박씨 부인은 가세를 일으키고 남편을 장원급제하도록 도와줍니다. 나중에 박씨부인은 허물을 벗고 절세가인이 되는데 이시백은 그때서야 박씨 부인을 극진히 사랑하고 행복한 가정을 꾸리게 된다는 내용입니다.

주인공인 '박씨'와 그의 남편 '이시백'에 대해 이해하지 못하면 이야기의 흐름을 전혀 따라갈 수 없습니다. ①'이시백은 왜 박씨부인을 멀리했을까?', ② '박씨는 왜 피화정을 만들었을까?', ③ '왜 박씨는 자신을 늘 구박하던 이시백을 용서했을까?'라는 질문을 해보면 아이가 책을 집중해서 읽었는지 안 읽었는지 파악할 수 있습니다.

책을 집중해서 읽지 못하는 아이들은 고학년으로 올라갈수록 독서를 어려워합니다. 독서훈련을 꾸준히 해온 아이들도 어려워하는데, 그러지 못한 아이들은 말할 것도 없겠죠. 아예 책을 놔버리는 경우도 종종 있습니다.

책을 이해하지 못한 아이들의 공통점은 책 속 인물의 특징을 제대로 잡아내지 못하는 것입니다. 심지어는 주인공이 누구였는지 다시 되묻는 아이도 있습니다. 이런 아이는 인물을 파악하기는커녕 책의 내용도 이해하지 못했을 가능성이 큽니다.

왜 이런 현상이 일어날까요? 가장 큰 원인은 아이의 집중력이 떨어졌기 때문입니다. 초등학교 3학년 때부터는 책의 내용이 길어지고 글밥이 많아지기 때문에 어찌 보면 자연스러운 현상입니다. 그래서 아이가 책에 충분히 집중할 수 있는 환경을 만들어주는 것이 중요합니다. 독서할 수 있는 환경을 만든 후에는 아이가 책을 읽을 수 있는 충분한 시간을 줘야 합니다.

초등학교 3학년은 깊이 있는 독서가 시작되는 시기라고 말할 수 있습니다. 이전에 읽었던 전래동화나 위인전은 독서라기보다 책과 친해지기 위한 놀이에 가까웠죠.

아이의 독서 집중력, 어떻게 끌어 올릴 수 있을까요?

일단 인물 노트를 준비합니다. 아이가 책을 읽고 인물에 대해 아래와 같은 메모를 할 수 있도록 지도합니다.

1. 다섯 개의 단어로 인물의 성격 표현하기
2. 이해되지 않았던 인물의 행동은 무엇인가?
3. 인물의 장단점은 무엇인가?

부모님들이 제일 힘들어 하는 것이 바로 질문입니다. 부모님들이 아이에게 하는 질문은 "책 다 읽었어?" 혹은 "재미있었어?"이 두 가지가 전부인 경우가 많습니다.

저자는 오랜 독서지도를 통해 좋은 질문이 어떻게 아이의 대답을 바꿀 수 있는지 몸소 경험해 왔습니다. 아이의 독서력은 부모님의 질문에서 나온다고 해도 과언이 아닙니다. 부모님이 어떤 질문을 어떻게 하느냐에 따라 아이의 생각은 진보할 수도 퇴보할 수도 있습니다. 그만큼 독서에서 질문은 엄청난 힘을 가집니다. 책과 대화하는 단계에 접어든 고학년에게는 질문을 통해 아이의 독서를 지속적으로 독려해야 합니다. 대답을 찾는 과정 속에서 아이의 독해력이 높아지고, 이해력과 분석력이 성장합니다. 독서를 통해 역사, 사회, 과학 등 다양한 분야의 지식을 학습하는 시기이기 때문에 적절한 질문을 통해 아이의 독서력을 향상시켜주는 것이 특히나 중요합니다.

바보온달과 평강공주
1. 주인공은 누구인가?
2. 바보온달과 평강공주의 성격을 각각 떠오르는 단어로 써보기
3. 인물이 한 일에 대해 한가지 이상 써보기
4. 어떤 사건이 일어났는지 떠오르는 단어로 써보기

부모님이 아이의 관심 분야를 알아야 아이의 꿈이 성장할 수 있습니다. 초등학교 4학년 이후부터는 한 사람으로서의 자아가 형성되기 시작합니다. 아이는 자신이 무엇을 원하고 좋아하는지 구체적으로 알아가게 됩니다. 독서를 하며 책의 내용을 파악하고 인물의 성격이나 행동을 분석하여 정리하는 습관을 기르면, 책을 통해 자기자신을 탐구해나갈 수 있습니다.

아이가 『홍길동전』을 읽었다면 이렇게 질문해보세요.
'홍길동은 왜 활빈당을 만들었을까?'

『춘향전』을 읽었다면,
'춘향전은 왜 사또의 청을 거절했을까?'

춘향전은 암행어사나 관기, 과거제도와 같은 배경 지식을 알아야만 이야기의 내용을 온전히 이해할 수 있습니다. 위와 같은 배경 지식은 책을 집중해

서 읽으면 내용 속에서 자연스럽게 파악할 수 있습니다. 하지만 대충 읽으면 춘향이가 왜 사또의 청을 거절하고 감옥에 갔는지 전혀 이해할 수 없게 됩니다. 『춘향전』이 오늘날까지 계속 읽혀지는 이유는 신분의 차별이 가장 심했던 조선시대에, 관기의 몸으로 사또에게 대항해서 끝까지 절개를 지켰기 때문입니다. 이몽룡이 주인공이 아니고 춘향이가 주인공이 된 이유도 거기에 있습니다. 『춘향전』을 통해 부당한 신분제도에 시달리던 당시의 사람들이 통쾌함을 느꼈을 거라 짐작할 수 있습니다. 독서를 통해 이런 요소들을 아이가 충분히 이해했다면 책을 제대로 읽었다고 말 할 수 있습니다.

집중해서 독서를 하면 주제를 찾는 것도 용이해집니다. 책을 제대로 읽으면 쉽게 줄거리를 파악할 수 있게 되는 것이죠.

아래는 저자의 수업에서 학생이 만든 질문리스트 사례입니다.

<'유관순' 전기문을 읽고 인물 파악 질문 리스트 만들기>

인물① 유관순: 일본인들을 정말 싫어하고, 일본인들의 모질고 심한 고문에도 흔들리지 않는다. 당당하다. 책임감이 있다. 다른사람을 위해 노력을 한다. 끈기가 있다. 사람들에게 용기를 준다. 또 고명딸이다.

인물② 헌병대 재만장 (일본인) : 일본인들이 관순이를 정말 얄미워하고 관순이의 엄마와 아빠를 죽였다. 관순이를 감옥에 가두려고 한다. 당당하다. 생명을 소중히 여기지 않는다. 자기 말이 옳다고 우긴다. 꾀를 부린다.

인물③ 애다(관순이의 사촌언니) : 관순이와 기숙사에서 정말 기뻐한다. 또 매우 즐거워 한다. 관순이를 걱정한다. 관순이와 매일 같이 다닌다. 관순이와 고향에 내려가 아이들에게 공부를 가르쳐줬다.

인물④ 관옥(관순이의오빠) : 관순이의 행동에 대해 궁금해 한다. 관순이에 대해 이상하다고 한다. 일본인을 왜 싫어하는지 궁금하다. (관순이가) 관순이를 항상 걱정 한다. 관순이한테 상고를 하라고 한다.

> 인물⑤ 마을사람들 : 관순이와 3.1운동을 한다. 감옥에서 독립운동을 끈준히 한다.
> 유관순을 믿는다. 목숨을 걸고 나라를 구했다. 관순이의 의견을 들어준다.

초등학교 3학년 이후부터는 국어책 지문이 상당히 길어집니다. 그에 따른 질문의 양도 엄청 많아지죠. 저자의 독서수업 수업을 통해 질문 훈련을 해온 아이들은 금방 답을 찾아 낼 수 있었다고 말합니다. 인물의 행동이나 사건에 대한 질문을 수업 시간마다 받아왔기 때문이죠. 덕분에 학교에서도 질문을 해결하는 데 거부감을 갖지 않고 해결할 수 있다고 합니다.

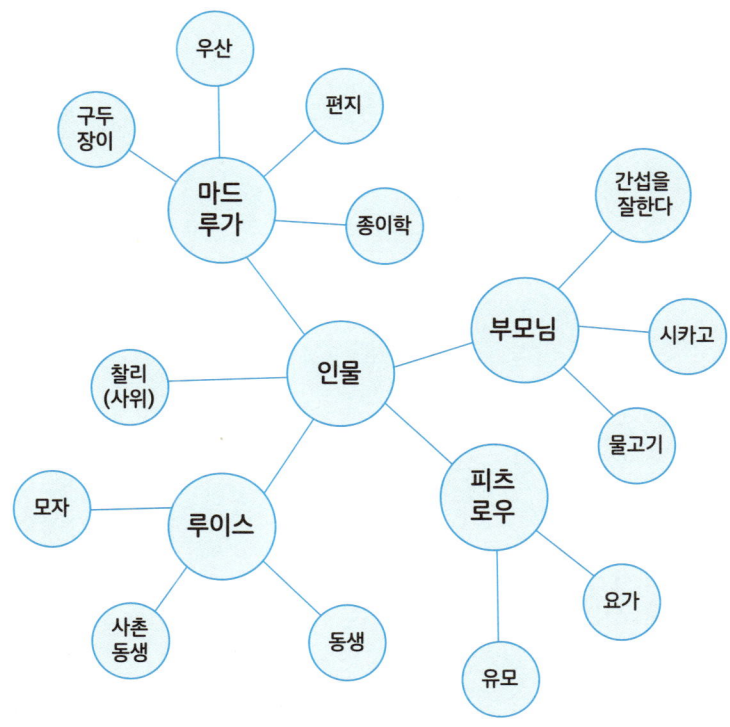

마인드맵 사례

집에서 부모님이 직접 독서지도를 할 때는 아이가 책을 읽기 전 반드시 메모지나 노트를 준비할 수 있게 합니다. 어떤 인물이 나오는지 어떤 사건이 벌어졌는지 마인드맵으로 정리할 수 있게 도와줍니다.

마인드맵은 아이가 보다 쉽게 책을 이해 할 수 있도록 돕는 효과적인 방법입니다. 책 속의 사건에 대해서 생각나는 단어나 파생되는 단어를 자유롭게 나열해보는 겁니다.

하근찬의 「수난이대」를 예로 들어 마인드 맵을 완성해 보세요!

(물음표에 들어갈 단어 찾아보기)

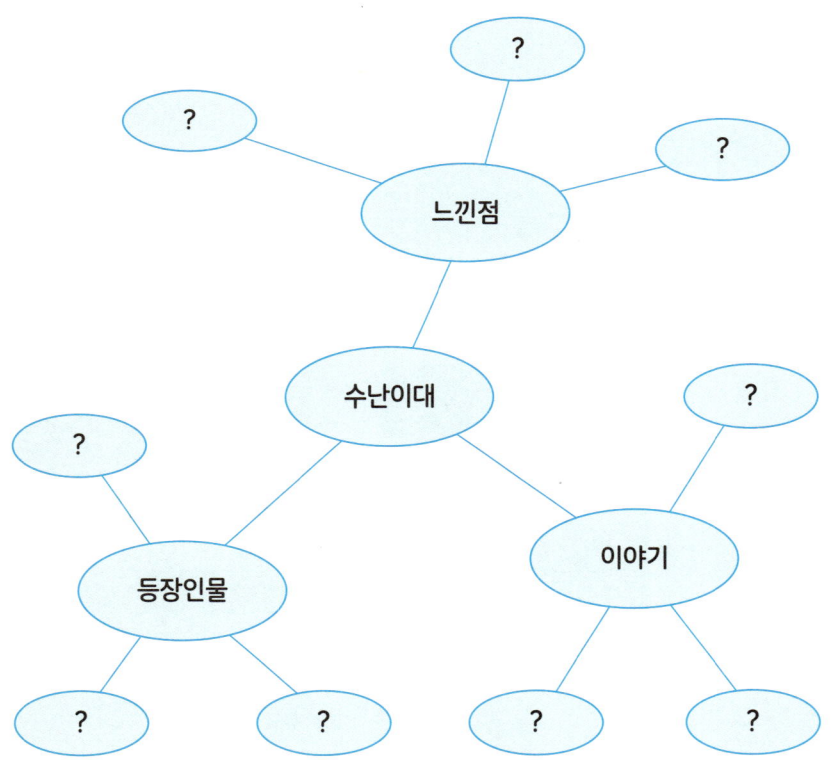

하근찬의 마인드 맵 짜보기

가운데 제목을 적습니다. 그리고 사방으로 가지를 친 다음 주인공 혹은 사건에 대한 느낌이나 생각을 단어로 표현합니다. 가지처럼 단어를 뻗어나가면서 사고를 연결시키는 훈련을 합니다. 책을 읽을 때마다 마인드맵을 그리면 훌륭한 독후감이 될 수도 있습니다. 책을 다 읽고 나서 해도 되고 읽는 도중 옆에 메모지에 적어가는 것도 좋습니다. 마인드맵 훈련이 잘 된 아이들은 나중에 메모하지 않고도 머릿속으로 자연스럽게 이야기의 줄거리를 그릴 수 있습니다.

만약 아이가 마인드맵을 한번도 해보지 않았다면, 부모님이 먼저 시범을 보여주세요. 마인드맵 짜기는 저학년일 때부터 가볍게 시작하는 것이 좋습니다. 동물을 좋아한다면 동물을 가운데 적어 놓고 초식동물, 육식동물, 파충류 같은 식으로 간단하게 마인드맵을 그려보는 것이죠. 지속적으로 반복하면 고학년에 가서 쉽게 마인드맵을 그릴 수 있습니다.

Summery!

독서를 할 때 주인공의 말과 행동에 집중해서 읽도록 도와주세요.
간단한 질문이나 마인드맵을 만들어서 분석하듯이 책을 읽어 보게 합니다. 마인드맵 훈련이 잘 된 아이들은 나중에 메모하지 않고도 머릿속으로 자연스럽게 이야기의 줄거리를 그릴 수 있습니다.

독서 집중력 기르는 방법! 이렇게 해보세요!
1. 인물 노트 작성하기! 인물의 성향에 대해 나열합니다.
2. 질문 리스트 만들기! 궁금한 점을 질문으로 만들어 봅니다.
3. 마인드맵으로 정리하기! 인물, 사건, 시대 등을 정리합니다.

3장

토론하기

: 생각 넓히기
(초등 전 학년)

01
우리 아이는
왜 발표를 못할까?

독서와 생각 말하기는 어떤 관련이 있을까요?

독서를 꾸준히 하다 보면 자기가 가지고 있었던 기본 지식과 책을 통해 얻은 간접지식이 서로 충돌하는 시기를 맞게 됩니다. 대개 판단력이 형성되는 초등학교 3학년 때부터 시작되죠. 간접지식이란 직접 경험하지 않고 책을 통해서 알게 된 지식을 말합니다. 책을 통해 경험해보지 못한 또 다른 세상으로 사고를 확장시키는 것을 의미하죠.

이 시기의 독서는 단순히 지식을 습득하는 차원을 넘어 생각을 점검하는 능동적인 활동입니다. 독서는 기존의 지식을 다시 한 번 확인하고 동시에 그 영역을 확장하는 과정이라고 할 수 있습니다.

독서만 하면 아이가 자기 생각을 잘 말할 수 있을까요?

결론부터 말하면 절대 그렇지 않습니다. 책을 읽을 때 아이는 머릿속으로 열심히 책 내용과 자기 생각을 비교하고 판단합니다. 하지만 그것으로 독서 활동이 끝나버려서는 안됩니다.

부모님의 역할은 아이가 독서를 끝냈을 때 더욱 중요해집니다. 책을 읽고 나면 어떤 느낌을 받았는지 아이 스스로 이야기할 수 있어야 합니다. 아이가 책 속에 나온 인물에 대해 어떻게 생각하는지, 이야기 속 상황에 대해 어떻게 생각하는지 말할 수 있도록 질문하는 것이 좋습니다. 아이가 자기 생각을 말하는 것은 독서에 있어 무척 중요한 과정입니다.

책을 통해 알게 된 지식을 자신의 생각으로 말할 수 있게 되면 아이는 성취감과 자부심을 느낍니다. 이런 성취감은 다른 독서에 대한 욕구로 이어지는데요. 아이가 이런 과정을 반복해서 경험하면 자연스럽게 독서의 즐거움을 알게 됩니다.

우리 아이는 발표를 잘 못하는데 어떻게 해야 할까요?

우리아이가 발표를 잘 했으면 좋겠다고 생각하시는 부모님들이 많습니다. 저자가 부모님들과 상담할 때 가장 많이 나오는 이야기 중 하나가 '우리 아이는 왜 발표를 못할까?'하는 것입니다. 아이가 왜 발표를 하지 않는 것인지, 어떻게 하면 아이가 발표를 잘 할 수 있는지 방법을 물어보는 부모님들이 많습니다.

물론 아이가 선생님의 질문을 이해하지 못해서 발표를 하지 않는 것일 수도 있습니다. 하지만 몰라서 발표를 하지 않는 아이보다 자기 생각을 말로 표현하는 것에 익숙하지 않아서 발표를 하지 않는 아이들이 더 많습니다. 질문을 받아 본 경험이 적기 때문에, 쉬운 물음에도 자신의 생각을 말하지 못하는 것입니다.

아이의 발표력은 하루 아침에 좋아질 수 없습니다. 발표도 꾸준한 훈련이 필요합니다. 생각 말하기 훈련이 잘 되어 있는 아이들은 학교 수업에서도 발표를 잘 할 수 있습니다.

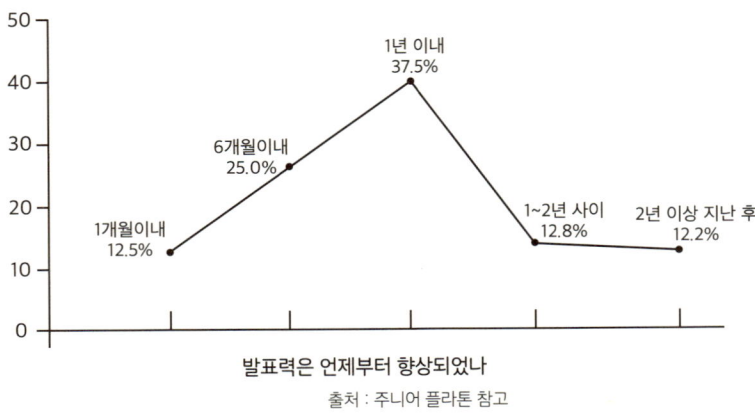

발표력은 언제부터 향상되었나
출처 : 주니어 플라톤 참고

생각 말하기를 잘 하기 위해서는 어떻게 해야 할까요?

① 아이와 대화를 자주 해주세요!

생각 말하기의 기본은 대화입니다. 어렸을 때부터 부모님이 아이와 대화를 자주 하는 것이 중요합니다. 대화를 통해서 꾸준히 질문을 받고 자신의 생각을 말하는 습관을 길들이는 것입니다. 이렇게 생활 속에서 자연스럽게 자기 생각을 말해온 아이들은 다른 사람 앞에서도 주저 없이 자기 생각을 말할 수 있습니다.

발표력뿐 아니라 창의력과 표현력의 향상도 아이가 자신의 생각을 얼마나 자유롭게 말할 수 있느냐에 달려있습니다. 지식을 습득하는 것보다 자기를 표현하는 것이 중요한 시대입니다. 머릿속에 있는 생각을 자기만의 방식으로 말하고 표현할 줄 알아야 합니다. 나아가 다른 사람의 생각까지도 내 것으로 만들 수 있어야 합니다. 미래의 아이들은 넘쳐나는 정보를 수집하고 데이터화 해서 자기 것으로 만들어야 하는 시대를 살게 될 것입니다. 지식이나 정보는 인터넷 검색을 통해 누구나 얻을 수 있기 때문에 아는 것 그 이상이 필요합니다.

② 아이의 단점을 장점으로 바꿔주세요!

아이의 단점을 장점으로 바꿔줄 수 있어야 합니다. 발표를 못하는 아이에게는 용기를 북돋아주는 것이 필요합니다. 아이에게 말하는 자신감이 생기면 자연스럽게 발표력도 향상됩니다.

저자가 수업을 하다보면 목소리가 작아 발표를 주저하는 아이들이 생각보다 많습니다. 이런 아이들에게는 부모님의 말 한마디가 아주 큰 영향을 미칠 수 있습니다. 아이가 겨우 용기를 내서 자신의 생각을 얘기했는데 부모님이 "너 왜 그렇게 목소리가 작니?"라고 말하면 아이의 마음이 어떨까요? 부모님의 부정적인 말투는 아이를 위축시킬 뿐입니다. 이럴 때는 "목소리가 차분하고 침착해서 다른 사람들에게 신뢰감을 주겠구나"라고 장점으로 바꿔 이야기 해주는 것이 좋습니다.

목소리가 작은 게 잘못된 것이 아니라고 계속 이야기해주면 아이는 목소리가 작은 것에 크게 신경을 쓰지 않게 됩니다. 나무라는 대신 "조금 더 크게 말하면 친구들에게 네 생각이 더 잘 전달될 것 같다"라고 얘기해주세요. 발표가 끝나면 칭찬을 아끼지 말아야 합니다. 이때 칭찬은 구체적이고 자세히 하는 것이 좋습니다.

③ 아이의 생각이 얼마나 중요한지 알려주세요!

아이가 생각을 주저 없이 말하기 위해서는 자신의 생각이 얼마나 중요한지 알아야 합니다. 책을 읽으면 자연스럽게 저자와 독자간의 상호관계가 형성됩니다. 저자가 독자에게 영향을 주는 것과 동시에 독자가 저자에게 영향을 줄 수도 있는 것이죠. 저자는 독서를 하는 아이들에게 항상 독자의 생각이 얼마나 중요한지 이야기합니다. 독자의 생각을 항상 신경 쓰고 독자의 생각은 저자의 글쓰기에 영향을 주기도 한다고 말해주는 것이죠. 책뿐만 아니라 드라마, 영화, 게임도 소비자의 생각이 생산자에게 많은 영향을 미칠 수 있다는 것을 강조합니다. 독자의 생각과 소비자의 역할의 중요성을 인식시켜 주는 것입니다. 아이가 자기 생각을 표현하는 게 얼마나 중요한 것인지, 나아가 세상을 얼마나 변화 시킬 수 있는지 얘기해줄 수 있어야 합니다.

Q. 우리 아이는 목소리가 작아서 발표를 힘들어 하는데 어떻게 하죠?

저자가 가르쳤던 초등학교 3학년 여자 아이의 경우, 목소리가 아주 작아 발표를 힘들어 했었습니다. 학과 수업 때 아이가 정리한 내용을 선생님이 대신 발표해줄 정도였는데요. 아이의 어머니는 담임 선생님과의 상담을 통해 아이의 작은 목소리가 발표력을 영향을 미쳤다는 것을 알게 되었습니다. 이런 상황에서 아이를 칭찬하는 것이 맞는지 고민이라며 조언을 구하셨죠.

저자는 아무리 목소리가 작아도 자신이 정리한 내용을 직접 발표하는 것이 성취감을 높이는 데 도움이 된다고 말씀 드렸습니다. 만약 아이가 "선생님이 나 대신 발표했어!"라고 말했을 때 엄마가 "잘했어"라고 답하면, 아이는 자신이 직접 발표하는 게 중요한 것이 아니라고 인식하게 됩니다. 나아가 정리만 잘하면 문제 없다고 생각하기 쉽죠. 이런 생각은 아이가 성장했을 때 큰 문제가 될 수 있습니다. 가령 회사에서 열심히 보고서를 만든 사람은 자신이지만 그 성과에 대한 보상은 발표한 사람이 누리는 것을 당연하게 생각할 수 있습니다.

Summery!

생각 말하기의 기본은 부모님과의 대화로부터 시작합니다.

독서를 잘 한다고 모든 아이들이 자기 생각을 잘 표현하는 것은 아닙니다.
발표력뿐 아니라 창의력과 표현력의 향상도 아이가 자신의 생각을 얼마나 자유롭게 말할 수 있느냐에 달려있습니다.

1. **아이와 대화를 자주 해주세요!**
   자신의 생각을 말하는 습관을 들이는 데 도움이 됩니다.

2. **아이의 단점을 장점으로 바꾸세요!**
   자신감이 생기면 자연스럽게 발표력도 향상됩니다.

3. **아이의 생각이 얼마나 중요한지 알려주세요!**
   아이가 생각을 주저 없이 말하기 위해서는 자신의 생각이 얼마나 중요한지 알아야 합니다.

02
토론을 잘하려면?

아이가 토론 수업에 적극적으로 참여하기 위해서는 평소 가정 내에서 대화가 잘 이루어져야 합니다.

잘 생각해보세요. 그동안 아이가 질문했을 때 어떻게 응대해주셨나요? 많은 부모님들이 아이의 질문을 무시하곤 합니다. "지금 바쁘니까 나중에 얘기해", "그건 중요하지 않아", "이상한 질문 하지마" 등등 부정적인 반응을 보이는 경우가 허다합니다.

아이들은 어른들처럼 머릿속으로 해야 할 말을 빠르게 정리하지 못합니다. 어휘가 잘 배열되지 않기 때문에 생각을 정리하는 데 어려움을 느낍니다. 어른들은 아이의 이런 입장을 전혀 고려하지 않은 채 어른의 시선으로 아이를 바라봅니다. 그래서 정리가 잘 되지 않은 아이의 질문을 경청하지 않는 경우가 많습니다. 아이에게는 무척 중요한 질문일 수도 있는데 말이죠. 이런 상황이 반복되면 아이는 자신이 부모님에게 무시당했다고 생각하게 됩니다. 결국 자신의 생각을 중요한 것이 아니라고 생각하게 되죠. 이런 아이는 의존적인 사람으로 성장하기 쉽습니다.

1. 자기 생각 정리하기

토론을 하기 위해서는 우선 아이 스스로 자신의 생각을 정리할 수 있어야 합니다. 생각을 정리하지 못해 두서없이 말하는 아이들이 있습니다. 이런 경우에는 아이가 말하면서 사용하는 단어를 부모님이 노트에 받아 적습니다. 아이의 이야기가 끝나면 노트에 받아 적은 단어를 보여주고 순서를 정하도록 하는 것이죠. 저학년 아이들은 말을 하면서도 무슨 의미인지 스스로 모를 때가 있습니다. 그럴 때 <u>자기가 사용한 단어를 시각화해서 보여주면 보다 쉽게 생각을 정리할 수 있습니다.</u> 저자가 수업하는 독서수업 교재에서 국어 문제로도 자주 나오는데요. 단어를 순서대로 나열한 다음, 단어를 사용해 문장을 만들어보는 방법입니다.

1. 보기와 같이 문장을 완성하여 쓰세요.

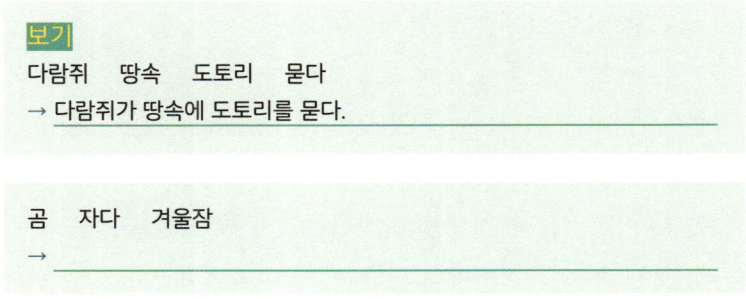

이 방식은 메모하며 듣기와 연계되어 있기도 합니다.

만약 아이가 생각을 정리하는 데 계속해서 어려움을 느낀다면 아이에게 질문을 던져야 합니다. 어떤 부분을 정리하는 것이 힘든지 어떤 도움이 필요한지 물어보는 것이죠. 이때 부모님이 적극적으로 개입해서 아이가 어려워하는 부분을 도와주는 것이 좋습니다. 아이에게 질문하기에 앞서 화를 내고 윽박지르는 부모님들이 많습니다. 그러면 아이는 부모님에게 더 이상 도움을 요청하지 않게 됩니다. 이런 패턴이 반복되면 학년이 올라갈수록 더 큰 문제를 겪게 됩니다.

2. 친구 생각 들어주기

토론에서 아이는 자신의 생각을 이야기함과 동시에 다른 사람의 의견을 듣게 됩니다. 같은 책을 읽어도 아이들의 생각은 저마다 다릅니다. 자신의 생각을 표현하는 것도 중요하지만 다른 사람이 이야기 할 때의 경청하는 태도도 무척 중요합니다.

경청을 잘하는 아이들은 친구들의 생각을 통해 자신의 생각을 다듬고 확장시키게 됩니다. 다른 친구들의 경험까지도 나의 것으로 만들 수 있기 때문입니다. 또한 친구의 생각을 잘 들어 줌으로써 상대방에게 신뢰를 얻는 태도를 자연스럽게 익힐 수 있죠.

친구가 이야기를 할 때는 ①우선 친구의 눈을 바라봐야 합니다. 귀로 들으면서 친구가 어떤 의도로 무슨 말을 하는지 파악하며 눈을 마주치는 겁니다. 토론을 할 때는 발화자의 눈을 보며 발화자가 어떤 의도로 무슨 이야기를 하는지 파악할 수 있어야 합니다. 상대방의 눈을 보고 이야기하는 건 자신감의 표현이기도 합니다. 가끔씩 눈을 맞추지 않고 이야기하는 아이들이 있는데 자신감이 낮은 경우가 많습니다. 아이의 자신감이 부족하다면 집에서부터 눈을 보고 말하는 훈련을 하는 것이 좋습니다. 하다못해 인형을 앞에 두고 이야기를 하는 것도 방법입니다.

대화를 할 때 상대방과 눈을 맞추는 것은 사회생활에 꼭 필요한 에티켓이기도 합니다. 고개를 끄덕이며 내가 너의 생각을 경청하고 있다는 몸짓 언어를 보여주는 것도 좋습니다. 상대방이 내 이야기를 경청해주면 자연스럽게 나의 생각을 더욱 존중하게 됩니다. 대화를 할 때는 ②언어적 표현보다 비언어적 표현이 의사소통에 더 중요한 역할을 하기도 합니다. 토론을 통해 아이는 들리지 않는 대화를 자연스럽게 배울 수 있습니다. 들리지 않는 대화는 눈빛이나 몸짓 등의 비언어적 표현을통해 상대방에게 의사를 전달하는 것입니다.

친구의 생각을 귀담아 듣는 아이는 어휘력이 풍부해집니다. 자신은 잘 쓰지 않지만 친구가 자주 사용하는 어휘가 있게 마련입니다. 친구가 쓰는 어휘는 친구의 독서 습관과 밀접한 관련이 있습니다. 책을 읽고 나눴던 대화에 따라 그 친구가 사용하는 어휘가 결정되기 때문입니다. 사람들은 평상시 대화를 통해 습득한 언어를 사용하게 됩니다. 아이도 마찬가지죠. 토론에서 친구의 말을 주의 깊게 들어야 하는 이유 중 하나는, 친구가 사용하는 단어를 자연스럽게 습득하면서 어휘를 확장시킬 수 있기 때문입니다. 아이에게 토론은 새로운 어휘를 배울 수 있는 기회가 됩니다.

토론 수업을 진행해보면 발표를 하기 위해 무조건 손을 드는 아이들이 있습니다. 이런 아이들은 자기 위주로 이야기하려는 성향을 가진 경우가 많습니다. 때문에 토론 전에 규칙을 정할 필요가 있습니다. 손을 들기 전, 자신의 생각이 잘 정리됐는지 고민해볼 수 있어야 합니다. 토론은 참여하는 모든 아이에게 중요한 시간입니다. 발표에 앞서 각자 생각을 정리할 시간이 필요하다는 것을 인지할 수 있어야 합니다.

3. 메모하며 듣기

메모를 하며 친구의 생각을 듣는 것이 좋습니다. 친구가 하는 말 중에서 단어 하나라도 메모하면 그냥 듣고 흘려 보내는 것보다 오래 기억할 수 있습니다.

<u>메모하며 듣기는 가족 토론 모임에서 훈련하기 좋습니다.</u> 가족들끼리 토론할 때 언급되는 중요한 단어를 아이에게 적게 합니다. 먼저 의제를 던지고 나서 메모를 하면 토론에 집중하는데 더 효과적입니다.

친구가 발표할 때 메모를 시켜보면 뭘 써야 할지 몰라 망설이는 아이들이 많습니다. 친구의 발표가 끝나고 난 후, 아무것도 적지 못했다고 말하는 아이들도 있습니다. 들으면서 쓰는 행동에 익숙하지 않아서 그렇습니다. <u>메모하며 듣는 것도 훈련이 필요합니다.</u> 저학년일 경우 친구의 말을 듣느라 메모하지 못했다고 하면, 친구에게 한번 더 이야기 해달라고 부탁할 수 있게 지도합니다. 부모님도 마찬가지입니다. 아이가 메모할 수 있도록 한번 더 말해줍니다. 우선 기억나는 단어를 써보게 하는 것도 좋습니다.

메모하며 듣기를 하면 생각 정리가 보다 더 쉬워집니다. 토론하는 친구가 다섯 명이라면 다섯 명의 생각을 메모하게 합니다. 친구들이 메모한 것을 한 문장으로 만드는 훈련을 시킵니다. 이런 연습을 계속하다 보면 머릿속으로 친구들의 생각과 자신의 생각을 버무릴 수 있습니다. 친구가 말하는 의도를 파악하고 의견을 덧붙여 자신의 생각을 수정할 수 있게 되는 것이죠. 이런 과정을 통해 아이의 사고가 확장됩니다.

<다음 친구가 쓴 글을 읽고 '잘된점'과 '부족한점'을 적어보세요!>

시작 되고 있는 "노인 취업 박람회"나(출처:연합뉴스) 일자리 개선 등. 청년과 아이, 노인 모두가 지루하거나, 돈이 없어서 쓰레기통을 뒤지다가 굶어 죽지 안도록 정부 뿐만 아니라 이 사회를 살아 가는 모든 사람이 함께 손잡고 노력해야 한다고 생각된다. 따라서 지금부터라도 외롭거나 지루하거나, 굶어가면서 남은 여생을 보내다가 돌아가시는 노인들이 없도록 "복지 정책", "일자리 정책"등 정부와 우리 시민들의 많은 노력이 필요하다고 생각된다. 그래서 지금부터 "여름이 준 선물"처럼 경제적으로 어려운 노인이나, 자식에게로부터 공경 받지 못하는 이 세상의 모든 노인이 모두 없어지도록 노력해야 한다.

유림이
잘된 점 : 근거가 풍부하다.
부족한 점 : 1개의 문장이 너무 길다. 동그라미 친 부분이 알아보기 힘들다.

태준이
잘된 점 : 균형이 잘 맞는다.
부족한 점 : 동그라미 친 부분을 못 알아 보겠다.

혁이
잘된 점 : 부족한 점이 거의 없다.
부족한 점 : 글씨를 몰라 보겠다.

Summery!

토론하는 아이의 태도를 바로 잡아 주세요!

친구의 생각을 귀담아 듣는 아이는 어휘력도 풍부해지고 수업 태도도 좋아집니다.
집에서 부모님이 아이의 생각에 귀 기울여 주기만 해도 아이는 자기 생각을 스스럼 없이 말할 수 있습니다. 또한 부모님의 생각도 자연스럽게 듣게 됩니다. 토론도 마찬가지입니다.

1. 자기 생각 정리하기
아이 스스로 자신의 생각을 정리할 수 있어야 합니다

2. 친구 생각 들어주기
경청의 태도는 생각 말하기에도 도움이 됩니다

3. 메모하며 듣기
메모하면 듣기를 하면 생각 정리가 용이해집니다.

03
아이의 사고력을 높여라!

여전히 독서를 단순히 책 읽는 행위로 인식하고 있는 부모님들이 있습니다. 그러면서 책을 많이 읽는데 왜 글쓰기와 발표가 늘지 않는지 의문을 품기도 하죠. 지금까지 계속 강조해왔지만 독서는 책을 읽고 토론을 하고 생각을 글로 정리하는 과정 모두를 의미합니다. 왜 아이의 독서 지도를 원하냐고 물었을 때, 아이의 글쓰기 실력을 향상시키고 싶어서라고 대답하는 부모님들이 있습니다. 하지만 독서가 글쓰기에 도움이 된다는 사실은 알면서도 정작 그 이유는 알지 못하는 경우가 많죠.

독서에서 토론이 필요한 이유 중 하나는 독후 활동 때문입니다. 책을 읽고 나서 글을 쓰기 전에 토론을 하면, 자기 생각을 더 확실하게 정리할 수 있습니다. 사람들의 다양한 의견을 듣고 비판하는 것도 가능해집니다. 초등학교 3학년 이후에는 판단 능력이 급속도로 상승되기 때문에 토론을 통해 비판 능력을 길러주는 것이 좋습니다.

<u>토론은 아이의 비판 능력을 기르는 데 더 없이 좋은 활동입니다.</u> 아이의 글쓰기가 향상되려면 반드시 토론이라는 과정이 있어야 합니다. 토론은 다른 사람의 의견을 듣고 거기에 더해 자기 의견을 말하며 서로 생각을 나누는 자리입니다. 혼자서 책을 읽고 함께 토론하지 않으면 아이는 자기 생각 안에 갇혀 버릴 수 있습니다. 토론은 다양한 의견을 통해 자신의 생각을 확장시킬 수 있는 시간입니다. 토론을 할 때 친구의 생각을 주의 깊게 듣는 것이 중요한 이유이기도 하죠. 무엇보다 토론은 비판하며 책 읽기를 하기 위한 가장 중요한 과정이기도 합니다.

책을 읽고 나와 생각이 다른 친구들의 의견을 듣다 보면, 아이가 가지고 있던 고정관념이나 편견이 깨질 수 있습니다. 친구들의 생각을 여러 개로 쪼개서 자기의 것으로 체화시킬 수도 있습니다. 내가 생각하지 못했던 부분을 친구의 입을 통해 들으면서 또 다른 생각을 받아들이게 되는 거죠.

하지만 혼자 책을 읽는 아이들은 자기 혼자서 판단을 해버리기 때문에 고정관념이나 편견에 사로잡혀 다른 사람의 이야기를 듣지 않는 경우가 있습니다. 이런 상태가 지속되면 아이는 타협을 모르는 어른으로 성장하기 쉽습니다. 쓸데없는 아집이나 고집이 생기기도 하죠. 여러 사람과 함께 토론 수업을 하면, 다른 사람의 의견을 경청하고 받아들이는 훈련을 할 수 있는 것은 물론 좋은 의견을 자신의 생각으로 만들 수도 있게 됩니다.

저자가 상담했던 한 엄마는 아이에게 책을 읽어 주기는 하는데, 아이의 질문에 어디까지 개입해야 하는지 고민이라고 말한 적이 있습니다. 가족끼리 집에서 토론을 할 때는 아이의 모든 질문을 부모님이 해결해주지 않도록 유의해야 합니다. 부모님이 모든 정답을 알려주면, 아이는 부모님의 생각에 의존하게 됩니다. 아이와 이야기 할 때는 <u>부모님보다 아이가 먼저 생각을 말할 수 있도록 유도해야 합니다.</u>

특히 아이 눈높이에 맞는 질문을 하는 것이 중요합니다. 모르는 단어가 나오면 다그치지 말고 "너는 이렇게 생각했어? 너의 생각도 좋은 거 같아. 다음에는 엄마도 너처럼 생각해봐야겠다"라는 식으로 호응해주는 것이 좋습니다. 아이가 말하는 내용을 그대로 질문으로 바꾸어서 얘기해 주면 스스로 생각하고 해결하는 능력을 기를 수 있습니다.

> "책을 읽고 나서 생각이 바뀐 부분이 있니?"
> "엄마 생각 중에서 이해하지 못한 부분이 있니?"

<u>부모님과 아이가 같은 책을 읽고 서로 인상 깊었던 인물에 대해 이야기를 나누는 것도 좋습니다.</u> 아이는 주인공에 관심이 쏠리기 쉽지만 엄마는 주변 등장인물에 대해서도 얘기할 수 있습니다. 엄마의 넓은 시선을 통해 아이의 시선을 확장시킬 수 있는 것이죠.

비판하면서 책을 읽는 것은 무척 중요합니다. 아이는 책이라는 도구를 통해 직접 경험할 수 없는 세상을 간접적으로 경험하게 됩니다. 책에서 얻은 지식은 토론을 통해 다듬어지고 이 과정 속에서 아이는 사고를 단단하게 만들 수 있습니다.

무엇보다 아이가 질문을 하거나 자신의 생각을 이야기했을 때, 부모님의 경청하는 자세가 중요합니다. 아이의 말을 존중하고 있다는 태도를 보여주는 것이죠.

Q. 아이가 두서 없는 질문을 자주 하는데 어쩌면 좋죠?

두서 없이 질문을 할 때는, 문장의 순서를 정리할 수 있도록 지도하는 것이 좋습니다. "하고 싶은 말을 정리해서 문장으로 얘기해줄 수 있니? 그러면 엄마가 너의 말을 더 잘 이해할 수 있을 것 같아!"라고 이야기하는 것이죠.

문제집을 풀던 아이가 문제와 전혀 상관없는 질문을 했다고 가정해봅시다. 이 때, 아이의 질문을 차단하지 말고 스스로 판단할 수 있도록 잠깐의 여유를 주는 것이 좋습니다. "꼭 지금 해야 하는 중요한 질문이니? 그러면 엄마가 대답해줄 수 있어"라고 묻습니다. 중요한 질문이라고 하면 대답을 해줘야 아이가 다시 문제에 집중할 수 있습니다. 중요한 질문이 아니라고 하면 문제 풀이가 끝난 후에 이야기하는 것으로 협상을 합니다. 이런 대화가 오고 가는 시간은 채 1분이 되지 않습니다. 이 짧은 시간을 내어주지 않으면 나중에 문제가 발생하게 됩니다.

사실 답을 구하기 위해 질문하는 아이는 많지 않습니다. 그냥 머릿속에 떠오른 생각을 말하고 싶은 경우가 많죠. 하지만 이 발화 욕구가 해소되지 않으면 아이는 하던 일에 집중을 할 수 없습니다. 아이가 이야기를 하고 싶어 할 때 이야기를 들어줄 수 있어야 합니다. 아이에게는 무언가에 대해 말하고자 하는 욕구가 있습니다. 만약 부모님이 아이의 말을 성의 있게 들어주지 않으면, 아이는 자신의 말이 엄마에게 영향을 끼치지 못한다고 생각하기 쉽습니다.

Summery!

글쓰기는 생각을 정리하여 표현하는 독서의 마지막 단계입니다. 그 전에 아이는 책을 읽고 난 후 책에 대해 비판적으로 사고하고 생각을 나누는 단계가 필요합니다. **독서 후에는 반드시 비판적으로 사고할 수 있도록 도와야 합니다.** 초등학교 3학년 이후에는 판단능력이 급속도로 상승되기 때문에 토론을 통해 비판능력을 길러주는 것이 좋습니다.

부모님과 아이가 같은 책을 읽고 서로 인상 깊었던 인물에 대해 나누어 보세요!
아이가 질문을 하거나 자신의 생각을 이야기했을 때, 부모님의 경청하는 자세가 중요합니다.
아이의 말을 존중하고 있다는 태도를 보여주는 것이 중요합니다.

예시) '심청전'을 읽고 서로 이야기를 나눠보세요.

Question!

Q. 심청이는 정말 효녀일까?

Q. 심봉사는 좋은 아빠 일까?

Q. 심청이는 왜 승상댁의 제안을 거절했을까?

Q. 심청이는 왜 아버지 뿐만 아니라 모든 봉사들을 잔치에 초대했을까?

04
토론이 어렵다면?

　토론에 앞서 가장 중요한 것은 <u>토론규칙</u>을 정하는 것입니다. 집에서 가족끼리 토론을 할 때도 규칙을 정해놓고 시작하는 것이 좋습니다. 만약 토론을 처음 하는 아이라면, 토론의 개념을 먼저 설명해주고 시작해야 합니다. 아이가 토론에 대해 전혀 알지 못하는 상태에서 무작정 토론을 하면, 토론에 대한 거부반응이 생길 수 있습니다.

　아이가 토론에 익숙하지 않을 때는 토론의 개념에 대한 이야기로 시작하는 것이 좋습니다. 토론은 여러 사람이 서로의 의견을 주고 받는 대화라고 이야기해주면 쉽게 이해할 수 있습니다. 그 후 토론의 기본 규칙을 설명합니다. 토론할 때는 여러 사람이 동시에 말하면 안 되고 한 사람씩 손을 들어 순서를 정한 뒤 말해야 한다고 알려주는 것이죠.

기본적인 정보를 아이에게 알려준 후에는 가족 모두가 함께 상세한 규칙을 정합니다. 토론의 주제는 어떤 것이든 좋습니다. 함께 규칙을 정했다면 종이에 적어 모두가 볼 수 있는 곳에 놓습니다.

<u>토론이 시작되면 끝날 때까지 규칙을 지키며 토론해야 합니다.</u> 예를 들어 이야기할 사람의 순서를 미리 정했다면, 그 순서에 따라 발언을 해야 합니다. 아빠가 이야기를 할 때는 아빠의 이야기를 경청합니다. 발언자의 이야기가 끝나고 난 뒤, 의견을 덧붙이고 싶거나 의문점이 있을 때 손을 들고 얘기한다는 규칙을 정해 놓으면 좋습니다.

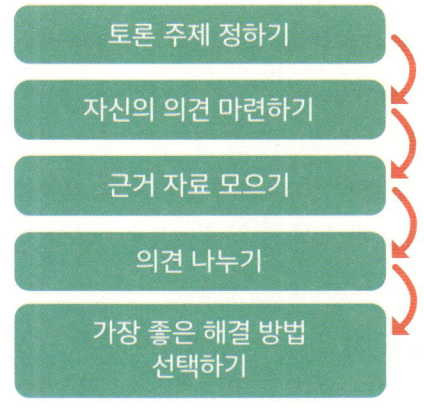

가족끼리 토론을 할 때도 마냥 편하게 하는 것보다 규칙을 만들어 토론에 진지하게 임할 수 있도록 지도하는 것이 좋습니다. 이를 통해 손을 들어 다른 사람의 동의를 구한 뒤에 발언권을 얻을 수 있다는 것을 자연스럽게 배울 수 있습니다.

토론이 끝나고 나면 아이가 토론에서 나왔던 내용을 정리할 수 있도록 지도합니다. 적절한 피드백을 주는 것도 잊지 말아야 합니다. 이번 토론에서 좋았던 부분이나 잘 지켜지지 못한 부분에 대해 이야기를 나누며 토론을 마무리하면 더 좋습니다.

아이가 토론을 어려워할 때는 복잡한 규칙 대신 아주 단순한 규칙을 세우는 것도 방법입니다. '손을 들고 이야기를 한다', '상대방의 이야기가 끝나면 이야기한다', '말하는 시간은 1분 이내로 한다', '토론을 할 때는 돌아다니지 않는다'와 같이 가벼운 규칙을 정하는 것입니다. 쉽게 이해할 수 있고 지키기 쉬운 규칙을 세우면 아이들이 토론에 보다 편안하게 접근할 수 있습니다.

예시) 우리 가족 토론 규칙
1. 손을 들고 이야기한다.
2. 상대방의 이야기를 다 듣고 이야기를 한다.
3. 정해진 발언 시간을 지킨다.
4. 토론을 할 때는 돌아 다니지 않는다.

발언 시간을 정한 경우에는 초시계를 옆에 두고 이야기 하는 것도 좋습니다. 발언 시간에 맞춰 이야기하다 보면 조리 있게 말하는 습관을 기를 수 있죠. 길고 장황하게 이야기를 하는 아이들의 경우 토론을 통해 한정된 시간 안에서 말하는 훈련을 하면 사족은 빼고 요점만 이야기할 수 있게 됩니다.

규칙은 서너 가지 정도만 정해 정확히 지킬 수 있도록 해야 합니다. 또한 토론을 이끌어 가는 리더를 정하는 것도 좋습니다. 처음에는 부모님이 시범을 보이고 이후에는 하고 싶은 사람을 지목하거나 순서대로 해보는 것도 방법입니다. 토론 후 잘된 점을 칭찬하고 부족한 점은 고칠 수 있도록 지속적인 관심을 보여줘야 합니다.

가족 토론은 아이가 학교에서 토론수업을 할 때 큰 도움이 됩니다. 가령 친구들의 이야기를 경청하는 것은 친구가 말을 못해서가 아니라 친구 이야기를 존중하기 때문이라는 것을 가족 토론을 통해 자연스럽게 익힐 수 있습니다. 토론을 할 때는 상대방의 말을 귀담아 듣는 것이 가장 기본이라는 걸 가족 토론에서 먼저 가르쳐주는 것이죠. 학교 토론 수업에서 친구의 말을 잘 듣는 아이들이 점수도 잘 받게 됩니다. 잘 듣는 아이들이 정리도 잘하기 때문입니다. 다른 사람의 말을 듣지 않고 자기 말만 하면 친구들의 의견을 모르니까 토론 내용을 제대로 정리할 수 없죠.

가족 토론에서 주의할 점은 아이의 말이 길어질 때 아이의 말을 무조건 끊어서는 안 된다는 것입니다. 열심히 자신의 생각을 이야기하는데 부모님이 말을 끊어 버리면 아이의 열정도 함께 꺾이게 됩니다. 그럴 때는 잠시 아이의 이야기를 멈추게 한 뒤, 스스로 생각을 정리할 시간을 줍니다. "이야기 잘하고 있는데 조금 더 정리해서 말해줄 수 있을까?"라고 말이죠. 아이의 말을 적절하게 끊어 주는 것도 부모님의 중요한 역할입니다.

부모님이 진지하게 가족 토론에 임하는 것 또한 중요합니다. 아이가 하는 말을 무시해선 안 됩니다. 아이의 발언이 이상하다고 해서 멋대로 중지시켜 버리면, 토론은 안 하는 것만 못하게 됩니다. 아이의 이야기를 존중하지 않고 무안을 주면 아이는 입을 닫기 마련입니다. 아이의 생각을 존중해주는 것이 무엇보다 중요합니다.

> **Tip 이렇게 해보세요!**
>
> 집에서 가족이 함께 책을 읽는다면 독서와 연결시켜 가족 토론 모임을 하는 것도 좋습니다. 가령 월요일부터 수요일까지 책을 읽었다면, 나머지 요일 중 하루를 정해 토론 시간을 갖는 것입니다. 책에 따라서 하나의 안건을 가지고 토론할 수도 있고, 여러 가지 안건에 대해 의견을 나눌 수도 있습니다. 토론은 비판적 사고에 큰 도움이 됩니다.

Summery!

가족이 함께 토론을 할 때도 규칙을 정해 놓고 진지하게 하는 것이 좋습니다.
아이가 적극적으로 참여해서 규칙을 정하도록 하며, 반드시 지킬 수 있도록 지도합니다.

1. 가족 모두가 함께 상세한 규칙을 정한다.
2. 함께 규칙을 정했다면 종이에 적어 모두가 볼 수 있는 곳에 놓는다.
3. 아이가 상세한 규칙에 거부감을 갖는다면 단순한 규칙을 세우는 것도 좋다.
4. 토론을 이끌어 가는 리더를 정한다.
5. 말이 길어질 때 아이의 말을 끊는 대신 정리할 시간을 준다.

05
독서가 학교 성적에
정말 도움이 될까요?

아이들에게 독서는 뚜렷한 목표의식이나 동기부여가 필요한 활동입니다. 처음부터 독서에 흥미를 가지는 아이들은 그리 많지 않습니다. 대부분의 아이들은 독서를 왜 해야 하는지 알지 못합니다.

"공부할 것도 많은데 굳이 독서를 해야 하나요?"
"독서가 성적에 도움이 될까요?"

독서를 하지 않으려는 아이들이 많이 가지고 있는 의문입니다. 이런 아이들에게는 독서가 학교 공부에 도움이 된다는 사실을 보여줄 필요가 있습니다.

우선 독서와 교과 과정이 서로 연관되어 있다는 것을 알려줘야 합니다. 아이가 읽었던 책의 내용이 학과 과정에 나오면 더 빨리 이해할 수 있다는 사실을 아이의 눈으로 확인할 수 있게 해주는 것입니다.

아직도 많은 아이들이 독서와 학습을 별개라고 생각합니다. 이런 생각을 바로잡아 주기 위해서는 교과서와 연계하여 책을 읽히는 것이 좋습니다. 독서가 모든 과목의 학습을 도와주는 활동이라는 것을 인식하게 되면, 아이 스스로 필요성을 느끼고 독서를 열심히 하게 됩니다. 저학년 때 이런 개념이 확실히 잡히지 않으면 고학년으로 올라갈수록 독서를 게을리 할 수밖에 없습니다. 수학이나 영어를 공부하는 데 독서가 무슨 도움을 주냐는 거죠.

독서를 어렸을 때부터 꾸준히 해온 아이들의 학업 성적이 우수하다는 것은 통계로도 나와 있습니다. 독서는 사고력, 창의력, 독해력, 이해력 등 학습에 도움이 되는 여러 가지 능력을 키워줄 수 있어서 습관이 되도록 도와주는 것이 필요합니다.

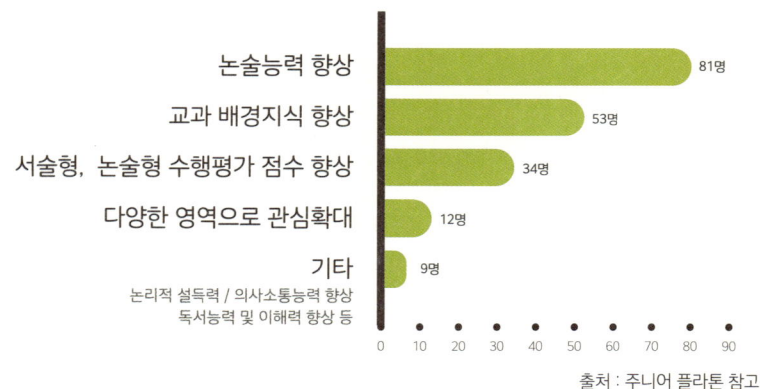

아이가 교과서를 처음부터 끝까지 읽게 하는 것도 중요합니다. 그럴 수 없다면 목차라도 미리 읽어둘 필요가 있습니다. 흔히 선행학습을 중요하게 생각하면서도 정작 선행해야 할 교과서를 놓치는 경우가 많습니다.

가족 토론을 할 때 교과서를 활용하는 것도 좋은 방법입니다. 교과서를 읽고 함께 토론하는 것입니다. 나아가 교과서 내용과 연결되는 책을 찾아서 함께 읽고 토론하면 자연스럽게 해당 분야에 관한 지식을 확장시킬 수 있습니다.

교과 내용과 연계할 수 있는 책을 찾아 아이와 함께 비교하며 어떤 연관성이 있는지 얘기해보세요. 교과서에 기행문 쓰기에 관한 내용이 있다면 박지원의 『열하일기』같은 것을 골라서 읽힐 수도 있습니다.

<교과서 내용과 연결되는 책 읽기>

기행	박지원 '열하일기'
역사	전우치전
과학	파브르 곤충기
문화	압록강은 흐른다
인물	안네의 일기
사회	행복한 왕자
고전	박씨전, 홍길동전

교과서와 책 읽기를 연계시키는 예시

Summery!

가족 토론을 할 때 교과서와 연계해서 책을 선택해보세요!

학교 공부에 자신감이 생기고 독서의 필요성을 더 많이 느낄 수 있습니다.
또한 교과서에 대한 부담감이나 어려움을 줄일 수도 있죠.

독서가 모든 과목의 학습을 도와주는 활동이라는 것을 인식하면, 아이 스스로 필요성을 느끼고 독서를 열심히 하게 됩니다. 독서를 어렸을 때부터 꾸준히 해온 아이들의 학업 성적이 우수하다는 것은 통계로도 나와 있습니다. 교과 내용과 연계할 수 있는 책을 찾아 아이와 함께 비교하며 어떤 연관성이 있는지 얘기해보세요.

06
어휘력을 높여라!

"독서를 꾸준히 하는데도 아이의 어휘가 늘지 않아요!"

본격적으로 책을 읽으며 어휘를 확장하는 시기는 초등학교 2학년 이후입니다. 학년에 따라 읽어야 할 책들에는 그 시기의 아이들이 익히고 습득해야 할 어휘들이 쓰여져 있습니다. 그래서 시기를 놓치지 않고 책을 읽는 아이들의 어휘는 자연스럽게 확장될 수밖에 없습니다. 때문에 어렸을 때부터 독서를 꾸준히 해온 아이들과 그렇지 않은 아이들의 어휘력은 학년이 올라갈수록 큰 차이를 보이게 됩니다. 특히 교과과정이 복잡해지고 난이도가 높아지기 시작하는 초등학교 3학년부터 뚜렷한 차이가 나타나죠.

이렇게 말하면 오늘부터 학년별 추천도서를 모조리 읽히려는 부모님들이 있을 수 있습니다. 물론 독서는 어휘를 확장시키는 데 아주 유용한 방법입니다. 하지만 무작정 책을 많이 읽는다고 어휘력이 자동으로 향상되는 것은 결코 아닙니다.

독서를 통해 아이의 어휘력을 확장시키기 위해서는 무엇보다 부모님의 역할이 중요합니다. 아이가 새로운 책을 읽었다면 반드시 새롭게 알게 된 단어를 정리해두어야 합니다. 어휘사전을 만드는 것도 좋은 방법입니다. 책을 읽을 때마다 새롭게 알게 된 단어를 사전에서 찾아 의미를 파악하고 노트에 해당 어휘를 적어두는 것입니다. 아이 스스로 어휘를 찾고, 습득한 어휘를 눈으로 읽고 쓰고 말하게 하는 것이죠.

노트 한쪽에 새롭게 알게 된 어휘를 적고 옆을 비워둡니다. 빈 공간에 해당 어휘를 활용한 문장을 쓰게 합니다. 문장의 의미가 맞으면 아이가 어휘를 잊지 않고 제대로 습득했다는 것입니다.

〈어휘 사전〉 예시

2018년 6월 24일

① 사양: 상대가 베푸는 것을 받지 않음
② 혹사: 가혹하게 일을 시킴.
③ 가혹: 몹시 모질고 혹독함.
④ 애석: 슬프고 아깝다.
⑤ 왕성: 매우 기운차다.
⑥ 추방: 사람을 일정한 밖으로 쫓아냄

어휘사전을 작성할 때는 어휘 앞에 번호를 붙이는 것도 좋습니다. 시각적으로 아이가 얼마나 많은 어휘를 알고 있는지 확인시켜 주는 것입니다. 책을 읽고 자신의 어휘가 확장되고 있다는 것을 눈으로 확인하면, 아이는 더 많은 어휘를 습득하기 위해 적극적으로 책을 읽기 시작합니다.

만약 아이가 어휘사전 만들기를 힘들어 하면 놀이를 통해서 자연스럽게 익히 게 하는 것도 좋습니다. 저학년 때부터 시작하면 좋은데요. 저자가 수업에서 가장 많이 활용하는 빙고게임이 그것입니다.

 빙고게임은 책을 읽고 책 속에 나온 새로운 어휘를 찾아 빈칸을 채우는 놀이입니다. 재미있게 놀면서 쉽게 어휘를 학습할 수 있다는 장점이 있죠.

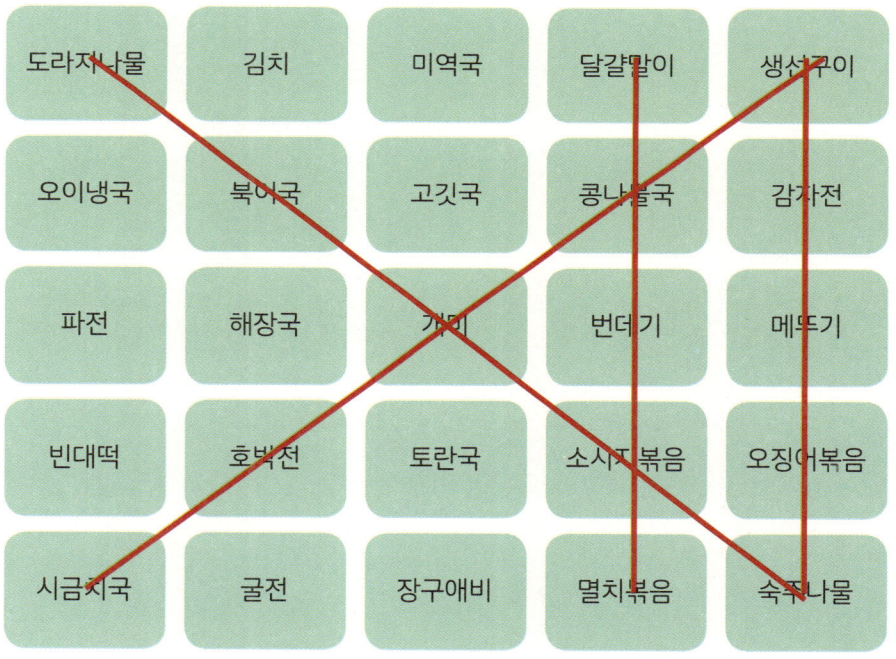

빙고게임 예시
<음식 문화 소개하기 수업 중에 배웠던 요리 이름 빙고 게임>

고학년의 경우에는 빙고게임 업그레이드 버전이 적합합니다. 빙고게임에 익숙하다면 업그레이드 버전을 활용해보세요. 우선 빈칸에 새롭게 찾은 단어를 씁니다. 예를 들어 '체험'이라는 단어를 썼다면, '체험'을 넣어 문장을 만들고 뜻풀이가 되면 동그라미를 치는 것입니다.

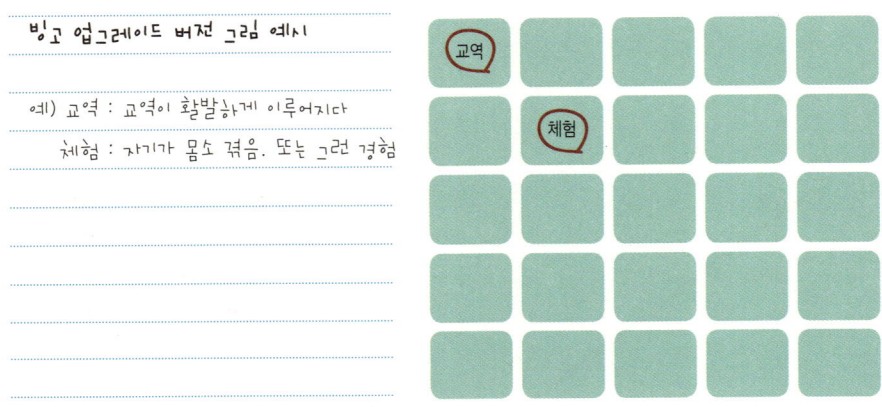

말 잇기도 어휘 확장에 도움이 됩니다. 정해진 시간 안에 더 많은 말 잇기를 한 사람이 이기는 형식입니다.

앞 낱말에서 떠오르는 특징과 '공통점'이 있는 것을 찾아서 '말 잇기 놀이'를 해보세요.

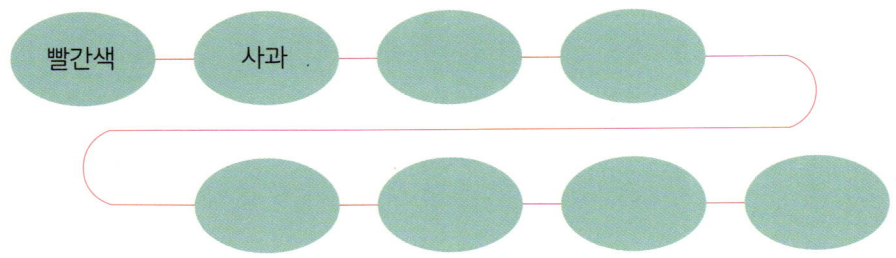

아이들은 속도감이 있는 놀이를 좋아하기 때문에 집에서 초시계를 켜놓고 누가 더 많이 말하는지 경쟁하면 독서를 재미있는 놀이로 여길 수 있습니다. 아이가 어려워하면 '사전 찬스'를 쓰게 하는 것도 좋은 방법입니다. 이렇듯 놀이를 통해 책에서 읽었던 어휘를 확인해 보는 것은 아이의 어휘 확장에 많은 도움이 됩니다.

어휘력이 부족한 아이들은 새로운 단어를 쓰는 것에 어려움을 느낍니다. 때문에 처음부터 욕심을 내서 많은 어휘를 습득하게 하려고 들면 안 됩니다. 어휘사전을 작성하거나 빙고게임 등을 할 때도 아주 쉬운 어휘부터 2~3개씩 써보게 하는 것이 좋습니다. 책도 가벼운 책부터 조금씩 페이지를 늘려가며 읽게 해야 합니다. 같은 학년이라고 해서 무조건 그 학년에 맞는 책을 읽히려 해서도 안 됩니다. 아이들마다 편차가 있기 때문에 아이의 수준과 성향에 맞는 책을 선택하여 읽히는 것이 바람직합니다.

앞서 이야기한 페이지 끊어 읽기를 할 때도 끊어 읽기를 한 페이지마다 접착식 메모지에 새로 알게 된 단어를 찾아 적어두는 것이 좋습니다. 저학년의 경우 어휘 찾기를 힘들어 한다면, 의성어나 의태어부터 시작하는 것도 괜찮습니다. 사실 단어를 찾아 보라고 하면 '단어'가 무엇인지 조차 모르는 아이들이 생각보다 많습니다. 처음에는 부모님이 찾아야 할 어휘의 주제를 정해주는 것이 좋습니다.

감정을 나타내는 어휘 찾아보기
예) 우울하다. 기쁘다. 슬프다. 행복하다 등등

반대말 찾아 보기
예) 높다, 낮다 / 작다, 크다 / 적다, 많다

> 예를 들어 책에 '높다'라는 단어가 나왔다면 '높다'라는 단어를 넣어 문장 2개를 만들어 보게 합니다. 그리고 '높다'의 반대말인 '낮다'를 찾아 또 2개의 문장을 만들어 보게 합니다. 이렇게 쉬운 단어로 시작해서 어휘를 조금씩 늘려 나가는 것이 좋습니다. 고학년의 경우에는 '평등'이라는 단어를 새로 찾았다면 반대말인 '불평등'을 찾게 하고 각각 단어를 넣어 문장을 만들어 보게 합니다. 단어로 시를 짓거나 그림으로 표현하게 하는 것도 좋습니다.

저자가 가르치는 한 아이의 경우, 위인전을 읽고 어휘 확장하기를 진행하고 있는데요. 위인전을 읽고 인물의 특징을 표현할 수 있는 어휘를 쓰도록 지도합니다. 이렇게 주제를 던져주면 아이가 보다 쉽게 어휘찾기를 시작할 수 있습니다.

책을 다 읽었다고 해서 무턱대고 새로운 단어를 찾아보라고 하면 난감해 하는 아이들이 많습니다. 특히 저학년일 경우에는 더 힘들어 합니다. 때문에 구체적으로 찾아야 할 어휘를 정해주고 부모님이 먼저 예시를 보여준 뒤에 시작하는 것이 좋습니다.

독서를 하는 이유는 지식을 쌓아 사고를 넓히고 확장된 사고를 바탕으로 창의적으로 표현하기 위함입니다. 표현력을 키우기 위해서는 어휘가 밑바탕이 되어야 하는데, 어휘를 확장시키기 위해서는 해당 어휘가 사용된 좋은 문장을 최소한 10번은 접해야 자기 것으로 만들어 자유롭게 구사할 수 있게 됩니다.

요즘 우리 아이들은 문장을 이해하는 능력, 즉 문해력이 많이 부족합니다. 그냥 글자를 눈으로만 읽어내고 있을 뿐 자기 것으로 제대로 소화시키지 못하고 있습니다. 100권의 책을 읽었다고 해도 아이 머릿속에 어휘가 남아 있지 않다면, 그것은 실패한 독서입니다. 반대로 1권을 읽고도 그 속에서 새로운 어휘를 배웠다면 그 독서는 성공한 것이라 할 수 있죠.

문해력과 연령대의 상관관계 (자료: OECD 성인역량 조사'(PIAAC))

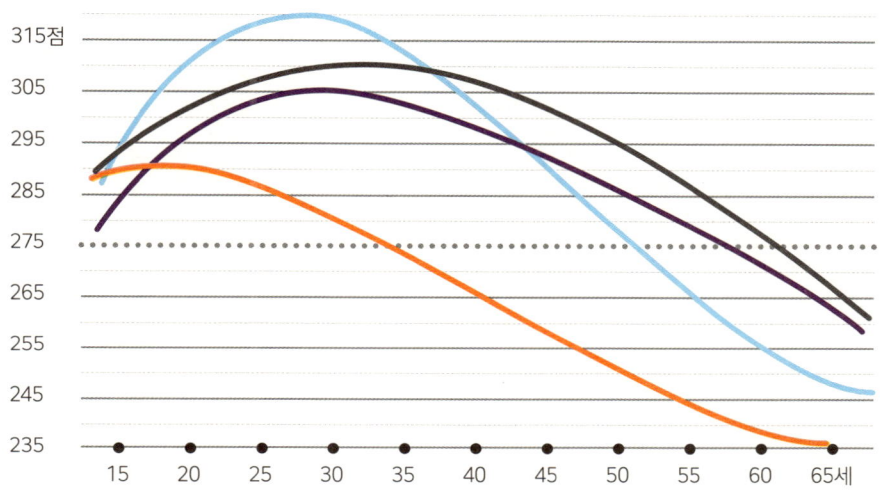

문해력이란 단순히 글을 읽는 능력이 아닌, **글을 읽고 이해하는 능력**을 뜻합니다. 한국의 성인 문해력은 OECD 최하위 수준으로 글은 알지만 그 내용이 정확히 무슨 뜻인지 모르는 사람이 성인의 38%나 된다고 합니다.

● 한국
● 핀란드
● 스웨덴
● 일본

아이가 책을 읽고 어휘를 확장시키기 위해서는 무엇보다 부모님이 생활 속에서 아이와 대화를 많이 나누는 것이 좋습니다. 대화를 할 때 최대한 새로운 어휘를 많이 쓰는 것입니다. 일상 속에서 아이가 새로운 단어를 사용할 수 있게 유도하는 것이죠. 아이와 대화를 할 때, 책 속에서 배운 단어를 다시 한 번 상기시켜 익숙하게 만들어 주는 것이 중요합니다.

Summery!

책을 읽는 아이들의 어휘는 자연스럽게 확장될 수밖에 없습니다. 하지만 무작정 책을 많이 읽는다고 어휘력이 자동으로 향상되는 것은 결코 아닙니다.
아이가 새로운 책을 읽었다면 반드시 새롭게 알게 된 단어를 정리해두어야 합니다. 어휘사전을 만드는 것도 좋은 방법입니다. 아이 스스로 어휘를 찾고, 습득한 어휘를 눈으로 읽고 쓰고 말하게 하는 것입니다.

어휘사전을 작성할 때는 어휘 앞에 번호를 붙이는 것이 좋습니다. 시각적으로 아이가 얼마나 많은 어휘를 알고 있는지 확인시켜주는 것입니다. 아이가 어휘사전 만들기를 힘들어하면 놀이를 통해서 자연스럽게 어휘를 익히게 하는 것도 좋은 방법입니다.

문해력을 높이기 위한 독서 TIP!

1. 책을 읽은 후 중요 사건이나 내용 등을 요약해 보는 연습을 합니다.
2. 한 가지 분야가 아닌 다양한 분야의 책을 탐독합니다.
3. 책 읽기는 습관이므로 꾸준히 읽는 것이 중요합니다.

07
주제를 확장시켜라!

독서를 잘 하는 아이들의 특징 가운데 하나는 세상에 대한 호기심이 많다는 것입니다. 이런 아이들은 한 권의 책을 읽고 나면 반드시 그 책과 연결되는 다른 책으로 독서를 이어가거나 책에 나온 내용을 생활 속 이슈와 결부시켜 사고를 확장해나갑니다. 하지만 책 한 권을 읽고 다양한 주제로 이야기를 이어갈 수 있는 아이들은 그리 많지 않죠.

책 속의 주제를 확장시키는 것은 세상을 보는 시야를 넓히기 위한 훈련이기도 합니다. 사고력을 키우고 가치관을 형성시키는 데 꼭 필요한 과정이라고 할 수 있죠. 이 과정에서도 부모님의 역할은 빠질수가 없습니다.

초등학교 3~4학년 때부터는 교과 과정 속에서 본격적으로 사회와 과학을 배우게 됩니다. 이 시기에는 어려운 주제나 개념들이 교과서에 계속 나오기 때문에 수업을 따라가기 힘들어하는 아이들이 많습니다. 이해력이 부족한 아이들은 특히 뒤처지기 마련입니다. 하지만 꾸준한 독서와 함께 사회 문제에 대해 부모님과 이야기를 나눴던 아이들은 학습에 대한 의욕이 더 강해지기도 합니다. 독서 후 주제 확장을 통해 다양한 이슈들을 이미 접해봤기 때문입니다.

책 속의 주제를 확장시키는 것은 그리 어려운 일이 아닙니다. 예를 들어 아이가 전쟁에 대한 책을 읽었다고 합시다. 부모님은 아이가 전쟁과 관련된 다른 책을 찾아보게 하거나 뉴스에 나오는 테러에 대한 이야기를 꺼내어 우리 아이의 생각을 확장시킬 수 있습니다. 환경에 대한 책을 읽었다면, 환경과 관련된 이슈들을 찾아보게 하면 됩니다. 아이가 책을 읽은 후, 그와 관련된 정보 수집을 통해 사고를 확장시킬 수 있도록 돕는 것입니다.

우선 아이와 함께 책의 주제를 정리해봅시다. 이후 책의 주제가 주는 교훈에 대해 생각해보고 그 교훈과 관련한 이슈들을 직접 찾아보게 합니다. 역사문제나 사회문제, 환경문제, 인종문제 등 다양한 이슈와 주제로 확장시키는 것이 좋습니다.

아이가 책의 주제를 바깥으로 넓혀나가다 보면, 깊이 있는 지식을 가질 수 있습니다. <u>주제를 확장시켜 다각도로 사고할 수 있는 능력을 기르면 글쓰기를 할 때 큰 도움이 됩니다.</u> 책을 읽고 주제를 확장시키면 아이의 표현력이 발전할 수밖에 없겠죠.

책의 주제를 바깥으로 넓혀나가기 위해 <u>뉴스를 시청하거나 기사를 읽게 하는 것도 좋습니다.</u> 신문의 기사는 초등학교 5학년인 12살 아이가 이해할 수 있는 수준으로 쓰여진 글입니다. 5학년 이상이 되면 가족들과 뉴스를 시청하면서 아이가 읽었던 책의 주제와 관련된 것이 있는지 함께 찾아보는 것도 좋습니다.

책 속의 주제 이슈와 연관 지어 보기

교과서에 나온 주제나 내용을 생활 속에서 접하는 뉴스와 연관 시켜 보거나 또는 읽고 있는 책 내용에서 찾아 연관 시켜 이야기 해 보세요.

> **쌍방향 미술**
>
> '살아 있는 미술관'이 많은 관심을 받고 있다. 이곳에는 눈으로만 보던 기존의 작품 전시에서 벗어나 관객이 직접 참여하는 '쌍방향 설치' 작품이 전시되어 있다. 쌍방향 미술은 관객이 직접 만지고, 소리도 지르며 참여해야만 진정한 작품으로 태어난다. ....(생략)
>
> <문화 뉴스>

> **교과 연계** 미술 3~4학년
> 1. 아름다움을 찾아서
> 2. 생활 속의 미술 : 생활 주변에서 시각 이미지를 찾아 보세요.

(출처 : 주니어 플라톤 참고)

책의 주제를 확장시키는 훈련을 지속적으로 하다 보면 책을 보다 입체적으로 읽을 수 있습니다. 입체적으로 읽는다는 것은 살아있는 독서를 할 수 있다는 뜻입니다. 책 속의 내용이 나와 전혀 상관 없는 죽어 있는 지식이 아니라 내가 살아가는 세상과 밀접한 관련이 있다는 것을 느끼게 되는 것이죠. 그래서 책을 입체적으로 읽는 아이는 세상을 향한 더 큰 관심을 갖게 됩니다. 아이의 사고가 자기 안에서 머물지 않고 넓은 세계로 뻗어나가는 것입니다.

책을 통해 사회문제에 대해 관심을 갖게 되면 아이는 자신이 사회의 일원이 되기 위해 공부한다는 사실을 인지하게 됩니다. 나중에 사회에 뛰어 들었을 때 어떤 인재가 될 수 있는지 고민하기 시작하는 것이죠. 독서를 한 후, 책의 주제에 대해 생각하는 아이와 그렇지 않은 아이는 책을 읽는 동기부터 달라지게 됩니다. 무엇보다 주제를 생각하며 책을 읽으면 세상에 대한 시각이 확연하게 달라질 수 있습니다. 아이의 생각이 부쩍 성장할 수 있다는 것이죠.

『나쁜 성격』이라는 책을 읽고 아이의 일상생활로 주제를 확장시켜봅니다.

「나쁜 성격」이란 책에 나오는 '에밀리'라는 아이는 평소 친구들에게 나쁜 말을 많이 하면서도 혼자가 되는 것은 싫어하는 아이입니다. 어느 날 '로티'라는 자신보다 더 나쁜 아이를 만나면서 자신의 행동을 반성하고 다른 친구들과 어울리기 위해 노력해야 한다는 것을 깨닫게 된다는 이야기입니다.

주제 확장시키기
"개성을 지닌 존재로서의 개인이 인간관계 속에서 사회화되는 과정에 대해 생각해본다."

다양한 질문 유도
- 제목을 왜 이렇게 지었을까?
- 제목인 '나쁜 성격'이 가리키는 건 누구일까?
- 왜 나쁜 성격을 갖게 됐을까?
- '에밀리' 성격이 바뀌게 된 이유는 무엇일까?"

마지막 피드백
- "~가 글씨를 예쁘게 써서 엄마가 읽을 때 너무 편했어."
- "새로운 단어를 쓰니까 글의 내용이 더욱 잘 전달되네!"

학교에 '에밀리' 같은 아이가 있는지 물어 보고, 어떻게 하면 좋을지 이야기를 나눠보세요! 저자가 수업을 했던 5학년 여자아이가 이 책을 읽고 자신을 보는 것 같다고 말했던 적이 있습니다. 자기도 모르게 한 나쁜 말들이 다른 친구들에게 상처가 될 수도 있었다는 것을 알게 되었고, 생각 없이 했던 말들을 돌이켜봐야 할 것 같다고 말했었습니다. 친구들이 자신을 왜 멀리하는지 생각해볼 수 있어 도움이 되었다고 말하기도 했습니다.

아이들과 토론할 때는 꼭 자신의 경험을 이야기할 수 있도록 유도해야 합니다. 책에서 주인공이 했던 행동들을 아이가 경험한 적이 있는지 물어보는 것이죠. 이렇게 책을 통한 간접경험과 아이의 직접경험을 연결시켜주면, 책의 내용과 자신의 생활과 다르지 않다고 느끼게 되면서, 독서에 보다 큰 흥미를 가질 수 있습니다.

Summery!

책 속의 주제를 확장시키는 것은 세상을 보는 시야를 넓히기 위한 훈련이기도 합니다.
사고력과 가치관 형성에 영향을 미치기 때문에 더욱 중요한 과정입니다. 부모님이 아이와 함께 책 속의 주제와 관련된 이슈들을 찾아서 얘기해 봅시다.

책 속의 주제와 사회적 이슈를 연관지어 보기!
우선 아이와 함께 책의 주제를 정리해봅니다. 이후 책의 주제가 주는 교훈에 대해 생각해보고 그 교훈과 관련한 이슈들을 직접 찾아보게 합니다. 역사문제나 사회문제, 환경문제, 인종문제 등 다양한 이슈와 주제로 확장시키는 것이 좋습니다

4장

글쓰기
: 생각 표현하기
(초등 전 학년)

01
어떻게 하면 글쓰기를
잘 할 수 있을까요?

    책을 많이 읽는다고 해서 무조건 글쓰기를 잘 하는 것이 아닙니다. 하지만 대부분의 부모님들은 독서를 하면 당연히 글을 잘 쓸 거라고 생각합니다.

    독서 지도 과정에는 읽기, 토론하기, 글쓰기가 모두 포함되어 있습니다. 독서를 잘 끝낸 아이들은 토론을 통해 자기 생각을 정리한 뒤, 글쓰기 단계로 넘어가게 됩니다. 글쓰기에 앞서 반드시 선행되어야 하는 것이 바로 생각을 정리하는 과정입니다. 하지만 대부분의 부모님들은 이 단계를 건너뛰고 글쓰기에만 집중하는 경향이 있습니다. 아이들이 무엇을 어떻게 써야 하는지 모르는 상태인 경우가 많다는 사실을 알지 못하는 것이죠.

    "우리 아이는 책을 많이 읽는데 왜 글쓰기를 못하죠?"

부모님들이 저에게 가장 많이 하는 질문 중 하나는 아이의 글쓰기에 관한 것입니다. 글쓰기에서 중요한 것 중 하나는 아이의 어휘력입니다. 어휘력은 아이들마다 확장되는 시기가 다릅니다. 독서를 어떻게 얼마나 해왔느냐에 따라 어휘력이 크게 차이 나기도 합니다. 또한 많은 어휘를 습득했다고 해도 그 어휘를 가지고 자기 생각을 표현하는 시기도 모두 다릅니다. 이 사실에 대해 알지 못하는 부모님들이 글쓰기를 잘하는 주변의 아이를 보며 저 나이가 되면 우리 아이도 글쓰기를 잘할 수 있을 거라고 앞질러 생각합니다. 만약 아이가 부모님의 생각대로 글을 잘 쓰지 못하면 그때부터 아이에게 글쓰기를 강요하기 시작합니다.

아이들이 부모님으로부터 가장 많이 받는 강요는 일기쓰기입니다. 일기의 분량을 정해주거나 "왜 이것 밖에 못 써?"라고 습관적으로 다그치는 부모님들이 많습니다. 자기 생각을 어떻게 정리해야 하는지조차 모르는 상황에서 계속 글쓰기에 대한 강요를 받으면, 아이는 글쓰기에 대한 흥미를 잃어버리게 됩니다.

학부형의 절반이 '어떻게 하면 아이가 글쓰기를 잘 할 수 있을까?'라는 고민을 해결하기 위해 저를 찾아옵니다. 앞서 말했지만 독서를 통해 어휘를 습득하는 것보다 그 어휘를 사용해 생각을 표현하는 것이 중요합니다. **책을 많이 읽었어도 책을 읽고 자기 생각을 말로 잘 표현해보지 않은 아이들은 당연히 글쓰기를 어려워합니다.** 저자와 상담을 한 후에야 아이가 생각을 표현할 줄 모른다는 것을 깨닫는 부모님들이 많습니다.

어른들도 자기 생각을 글로 표현하는 것을 힘들어합니다. 하물며 아직 경험도 적고 어휘의 확장도 이루어지지 않은 아이들이 배경지식을 끌어다 글을 쓰는 방법을 알 리 만무하죠.

한 줄을 써도 칭찬하라!

독서가 끝나고 바로 글쓰기를 시작하는 것보다는 우선 대화를 통해 자기 생각을 표현할 수 있도록 아이의 이야기를 들어주는 것이 좋습니다. 그 후 자기 생각을 자유롭게 써보도록 유도하는 것입니다.

이때 아이가 한두 줄밖에 쓰지 못한다고 하더라도 자기 생각을 문장으로 표현한 것에 아낌없이 칭찬해주는 것이 중요합니다. 칭찬을 통해 아이가 글쓰기를 친숙하게 느낄 수 있도록 도와주어야 합니다. 만약 아이를 칭찬하지 않고 되려 다그치게 되면 아이는 글쓰기에 흥미를 잃고 거부감을 가지게 됩니다. 또한 글의 분량에만 신경을 쓰면 아이는 핵심이 없고 군더더기가 많은 글쓰기를 하게 쉽습니다. 그런 글을 가지치기 해보면 결국 한 두줄 밖에 남지 않죠.

부모님의 강요로 쓰여진 글은 아이의 생각이 아닌 부모님의 생각이 담겨있는 경우가 많습니다. 때문에 글쓰기 과정에서는 칭찬을 통해 아이 스스로 글을 쓸 수 있도록 독려하는 것이 무척 중요합니다.

토론이 끝나고 글쓰기 시간이 됐을 때, 아이들이 저에게 많이 하는 질문 중 하나는 분량에 관한 것입니다. 그럴 때 저자는 아이에게 얼마나 쓰고 싶은지 되물어봅니다. 이럴 경우 대부분의 아이들은 "많이 써야 될 것 같아요."라고 대답합니다. "왜 많이 써야 할 것 같아?"라고 물어보면 "짧게 쓰면 엄마한테 혼날 것 같아서요"라든가 "점수를 많이 못 받아서요"라고 대답하는 경우가 많습니다. 글쓰기의 질보다는 양에 대한 압박을 많이 받아왔다는 것을 짐작할 수 있죠.

글쓰기에서 중요한 것은 자기 생각을 얼마나 정확하고 논리적으로 표현할 수 있냐는 것입니다. 아직까지도 부모님들은 길게 쓴 글이 잘 쓴 글이라는 고정관념에서 벗어나지 못하고 있습니다. 사실 아이들이 쓴 긴 글을 살펴보면 논리가 없고 두서없이 장황한 경우가 많습니다. 자기의 생각이 담겨 있지 않은 글은 다른 사람의 마음을 움직일 수 있는 힘이 없습니다. 하지만 이러한 사실을 알지 못한 채, 돈을 주고 학원을 보내 글쓰기를 배우게 하는 부모님들이 많은 것이 현실입니다.

글쓰기에 재미를 느끼게 하라!

자기 생각을 쓰는 훈련을 하기 위해서는 우선 아이가 글쓰기에 재미를 느껴야 합니다. 글쓰기에 흥미를 갖게 하는 방법은 독서의 경우와 다르지 않습니다. 글쓰기를 친숙하게 느낄 수 있어야 자기 생각을 논리에 맞게 글 속에 담는 것이 가능해집니다. 제일 중요한 것은 부모님이 아이에게 글쓰기를 강요하지 않는 것입니다.

아이들을 가르치다 보면 부모님이 아이의 글에 채점하듯 빨간 펜으로 표시해둔 것을 종종 볼 수 있습니다. 어디까지 써야 하는지 분량을 정해놓은 경우도 많죠. 아직 무슨 내용을 어떻게 써야 할지 정리가 안 되어 있는 상태에서 글의 분량이 정해져 있다면 어떤 마음이 들까요? 정해진 분량을 채워야 한다는 압박감에 스트레스를 받게 될 것입니다. 당연히 아이에게 글쓰기는 괴로운 학습이 되고 점차 글쓰기에 대한 거부감이 커지겠죠. 심한 경우 글쓰기 자체를 거부하기도 합니다. 독서는 좋아하지만 글쓰기는 싫어하게 되는 것입니다.

독서와 글쓰기는 절대 별개의 학습이 아닙니다. 앞서 말했듯 독서 안에 읽기, 말하기, 쓰기가 모두 포함되어 있습니다. 가장 마지막 단계인 글쓰기를 완성하지 못하면 완벽한 독서가 이루어지지 않은 것입니다. 책 읽기가 잘 되어야 글쓰기를 잘할 수 있는 것은 맞습니다. 독서의 궁극적인 목적이 글쓰기라고 해도 과언이 아닐 것입니다. 독서를 잘하면 책의 내용은 온전히 아이의 배경 지식으로 쌓이게 됩니다. 그 배경 지식을 바탕으로 직접 경험으로 얻은 지식과 버무려 글쓰기의 소재로 활용할 수 있게 되는 것이죠.

예를 들어, 기행문을 쓰기 위해서는 우선 기행문의 개념부터 알고 있어야 합니다. 아이는 자신이 읽었던 기행문 형식의 책을 떠올릴 것입니다. 그리고 이를 바탕으로 직접 여행했던 경험을 버무려 기행문을 쓰게 됩니다.

주인공에게 편지쓰기를 하더라도 책을 읽고 인물에게 감정이입을 하면, 더욱 표현이 풍부한 글쓰기를 할 수 있죠. 저자가 수업에서 다루는 책 중에 『저만 알던 거인』이라는 책이 있습니다. 주인공 거인의 이기적인 마음 때문에 정원에 겨울만 계속 되다가 어떤 사건으로 인해 거인의 이기적인 마음이 사라지자 마침내 정원에 봄이 찾아온다는 내용인데요. 아래는 이 책을 읽고 한 아이가 쓴 글입니다.

"저도 거인 아저씨처럼 이기적인 마음을 가졌었는데, 앞으로는 이기적인 마음을 갖지 않도록 노력해야겠어요. 그 때 이기적인 행동을 했던 것이 부끄러워요."

Summery!

아이가 한 줄을 쓰더라도 칭찬해주는 것이 중요합니다.

글쓰기 분량을 정해 놓지 말고 생각을 자유롭게 쓰도록 해주세요.
글 쓰는 재미를 느끼게 되면 아이들은 자기 생각을 자유롭게 표현하는 데 부담을 느끼지 않습니다. 독서와 글쓰기는 절대 별개의 학습이 아닙니다. 앞서 말했듯 독서 안에 읽기, 말하기, 쓰기가 모두 포함되어 있습니다. 가장 마지막 단계인 글쓰기를 완성하지 못하면 완벽한 독서가 이루어지지 않은 것입니다.

02
글쓰기를 왜 어려워 할까요?

처음부터 글쓰기를 두려워하는 아이의 경우, <u>우선 머릿속으로 생각하고 있는 것을 말로 이야기해보라고 합니다.</u> 가끔 수업을 받는 아이들 중에 글쓰기를 거부하고 말로 하면 안 되냐고 묻는 아이들이 있습니다. 쓰는 것보다 말하는 것을 친숙하게 여기기 때문입니다. 아이가 이야기를 시작하면 부모님은 아이의 말을 그대로 노트에 받아 적습니다. 말이 끝나면 아이가 했던 말을 보여주고 어색하거나 고치고 싶은 부분을 스스로 바꿔보게 하는 것입니다.

자기가 한 말이 글로 옮겨질 수 있다는 것 자체를 의심하는 아이가 있습니다. '과연 내 생각이 글이 될 수 있을까?'하고 고민하는 것이죠. 이런 아이들 대부분은 기본적으로 자신이 글을 잘 못쓴다는 생각을 가지고 있습니다. 이런 아이들에게 글쓰기의 어떤 부분이 가장 어려운지 물어보면, 어떻게 시작해야 할지 모르겠다고 답하는 것이 대부분입니다. 아이와의 지속적인 대화를 통해 아이의 생각을 끄집어내는 것이 무엇보다 중요합니다.

아이의 말을 그대로 받아 적어 보여주는 것은, 아이가 했던 말이 훌륭한 글이 될 수 있다는 것을 눈으로 확인시켜 주기 위함입니다. 글쓰기는 절대 어려운 것이 아니고 네가 했던 이야기를 글로 옮겨 적는 것뿐이라는 사실을 보여주는 것이죠. 아이를 안심시키면서 글쓰기를 편안하게 여길 수 있도록 유도할 수 있어야 합니다.

글쓰기를 강요하면 아이와 부모님 양쪽이 힘들어집니다. 부담 없이 말을 글로 옮길 수 있어야 합니다. 자기가 쓴 글을 보면서 틀린 글자라든지 불필요한 단어를 찾아낼 수 있도록 도와주세요. 무엇보다 중요한 것은 많은 분량을 써야 한다는 강박관념을 주어서는 안 된다는 것입니다.

예를 들어 일기를 쓸 때, 오늘 벌어진 일에 대한 단어를 나열하도록 해보세요. 특별한 일없이 매일 똑같은 일상을 보낸다고 생각하기 때문에 일기 쓰는 것을 어려워하는 아이들이 많습니다. 그럴 때는 이 방법을 사용해 보세요. 부모님이 가지치기를 해주는 것입니다.

일기 쓰기 예)

<u>오늘 했던 일 나열하기</u>
수학학원 가기
영어학원 가기
친구와 놀기
숙제 하기
엄마 심부름하기

위와 같이 했던 일들을 나열하게 한 후에 가장 재미있었던 일이 뭐냐고 물어봅니다. 만약 없다고 대답하면, 가장 힘들었던 일을 물어볼 수도 있습니다. 아이가 수학학원에서 문제를 푸는 것에 대해 말했다고 가정합시다. 이때 어떤 점이 힘들었는지 등에 대해 계속해서 질문을 이어가야 합니다. 충분한 대화가 이루어졌다면 육하원칙에 따라 글을 쓸 수 있도록 지도합니다. 아이들은 글쓰기의 시작만큼 끝맺음을 어려워합니다. 부모님은 "다음 수업에서 힘들지 않으려면 어떤 준비가 필요할까?"와 같은 질문을 던져 아이 스스로 생각을 정리하도록 도와줄 수 있어야 합니다. <u>아이가 일기쓰기를 어려워할 때, 했던 일을 나열한 뒤 하나를 골라 자세히 쓸 수 있도록 가지치기를 해주면 아이는 훨씬 수월하게 일기 쓰기에 접근할 수 있습니다.</u>

오늘 있었던 일을 떠올려 보세요!

- 오늘 있었던 일 가운데 가장 기억에 남는 일은 무엇인가요?

- 그때 내 기분을 그림으로 그려보세요

- 오늘 내 기분을 원인과 결과가 드러나게 써 보세요.

사건을 나열할 때, 격줄로 쓰게 하는 것이 좋습니다. 비워둔 줄에는 앞서 적어둔 사건에 대해 어떤 생각이나 느낌을 갖고 있는지 적게 하는 것이죠. 글에 자기 생각이 들어가면 어떻게 달라지는지 한눈에 확인할 수 있어 좋습니다. 아이의 생각은 다른 색으로 쓰는 것도 좋은 방법입니다. 다 쓰고 난 후에는 아이가 쓴 글을 함께 살펴보며 시각적으로 다시 한 번 자기의 생각을 인지시켜주는 것이 중요합니다.

> 일기 쓰기 예)
> 1. 오늘은 수학학원에서 문제를 푸는 게 어려웠다.
> 2. 빈칸
> 3. 선생님이 문제 푸는 것을 도와주셨다.
> 4. 빈칸

아이의 글쓰기를 지도할 때 최대한 명령을 피해야 합니다. 어른의 눈높이가 아닌 아이의 눈높이에서 바라보며 대화하는 것이 가장 우선되어야 합니다.

Summery!

글쓰기를 어려워하는 우리 아이!

간단한 질문을 해보고 아이가 하는 말을 그대로 적어 보는 것도 좋습니다. 그런 다음 아이 스스로 정리하게 해 주세요. 명령보다는 아이의 눈높이에서 아이가 힘들어 하는 부분을 같이 고민해주는 것이 중요합니다.

아이가 일기 쓰기를 어려워할 때, 했던 일을 나열한 뒤 하나를 골라 자세히 쓸 수 있도록 가지치기를 해주면 아이는 훨씬 수월하게 일기 쓰기에 접근할 수 있습니다.

03
다양한 글 종류와 구조 익히기!

문장에는 다양한 종류와 구조가 있습니다. 초등학교 2학년 이전까지가 독서를 통해 어휘를 확장하는 시기였다면 초등학교 3학년 이후부터는 습득한 어휘를 가지고 사고를 확장해나가는 시기입니다. 다양한 문장과 구조를 활용한 글쓰기는 자신의 관점을 바깥으로 확장시킬 수 있는 중요한 학습입니다.

이 시기에는 아이들의 이해력과 판단력이 빠르게 높아지기 때문에 가능하면 다양한 문장의 종류와 구조를 활용한 글쓰기를 통해 사고력을 확장시켜주는 것이 필요합니다.

다양한 종류의 글쓰기

다양한 종류의 글을 쓰기 위해서는 우선 소설, 시, 수필, 역사, 과학, 사회 등 여러 분야의 책을 읽어봐야 합니다. 아이 생각이 넓은 세계로 확장 될 수 있습니다. 더불어 이해력이 형성되고 판단 능력이 자연스럽게 생겨나면서 일상 생활에서도 옳고 그름의 판단을 내리는 데 도움이 됩니다.

똑같은 글쓰기를 반복시키는 것보다 교과서에 나오는 다양한 종류의 글을 실제로 써 보는 것이 많은 도움이 됩니다. 특히 3학년부터는 주장하는 글쓰기를 많이 하게 되는데 자기 생각을 정리해서 글 쓰는 법을 배우게 됩니다.

저자가 진행하는 수업 중 '강가에 자전거 도로를 설치하는 것에 대해서 어떻게 생각하는가?' 라는 주제로 글을 쓰는 시간이 있습니다. 자전거 도로를 설치하는 것에 대해 자신의 생각을 정확하게 정리해야 글쓰기를 할 수 있는데요. 이 주제의 글쓰기를 하기 전에 아이가 자연과 환경 관련 책을 읽었다면 환경 문제에 대해 자신의 생각을 정리하는 데 도움을 받을 수 있습니다.

그래서 저자는 아이들에게 「벌거벗은 보물섬, 갈라파고스제도」라는 책을 읽게 한 후 위의 주제에 대한 글쓰기를 시켰었습니다. 자전거는 아이들이 생활 속에서 자주 접하는 물건이라 익숙하지만 자전거를 타는 것이 환경문제와 어떤 연관이 있는지에 대해 모르고 있기가 쉽죠, 관련 책을 읽고 글쓰기를 해보면 세상을 보는 아이의 시각이 자연스럽게 넓어지게 됩니다. 책을 읽는 것도 글을 쓰는 것도 나와 전혀 관련이 없는 것이 아니라는 것을 느낄 수 있게 되는 것입니다. 자신의 경험에 비추어 어떤 점이 좋고 나쁜지 직접 판단해 볼 수도 있습니다. 또한 읽었던 책의 내용이 아이의 주장에 명확한 근거가 되기 때문에 주장하는 글쓰기를 할 수가 있게 됩니다.

보통 우리나라 학교에서는 글쓰기 숙제를 낼 때 '기행문 써오세요' 와 같이 글쓰기 종류를 정해주지만 정작 기행문을 어떻게 써야 하는지에 대한 학습은 이뤄지지 않는 경우가 많습니다. 때문에 아이들은 제대로 된 글쓰기를 어려워하죠.

<주장하는 글쓰기 예시>

<벌거벗은 보물섬>

학습 목표
자전거 도로에 대해 논술해요.

교과 연계
사회 3-1
1. 우리가 살아가는 곳

주제 활동
갈라파고스에는 어떤 동물들이 살고 있을까요?
갈라파고스에 살고 있는 동물들을 알아보며, 동물들이 처한 위험에 대해 생각해 보세요.

논술 활동
논제: 강가에 자전거 도로를 만들어야 한다.

논제 이해	근거 찾기
자전거 도로가 무엇인지 알 수 있어요	자전거 도로의 좋은 점과 나쁜 점을 생각해 볼 수 있어요
찬반 토론	**논술하기**
다른 사람의 의견을 잘 듣고 토론할 수 있어요.	의견에 대한 까닭을 두 가지로 정리해 논술 할 수 있어요.

교과 연계 : 사회 3-1 1. 우리가 살아 가는 곳
고장 사람들이 산, 들, 하천 등을 어떻게 이용하고 있는지 살펴 보아요.

출처 : 주니어 플라톤 쓰기노트 참고

다양한 구조로 글쓰기

초등학교 4학년부터는 세상의 일들에 대해 의문을 많이 제기하는 시기입니다. 능동적인 학습 태도를 형성해야 하는 시기이기도 하죠. 이 시기의 아이들은 스스로 문제를 인식하는 단계에 들어서게 됩니다.

이전까지 다양한 글의 종류를 익혔다면 4학년부터는 조금 더 들어가 문장의 구조를 익히게 됩니다. 생활문을 쓴다고 하더라도 예시나 비교를 사용한다든지 원인과 결과를 이용한 구조로 글을 쓰면 글의 내용이 보다 풍부해지는 것은 물론 논리적으로 글을 전개할 수 있습니다.

어떤 글쓰기를 할 것인가의 문제는 아이들이 어떤 의문을 가지고 있느냐에 따라 결정됩니다. 아이들이 자기 생각에 대한 의문을 제기하는 것은 글쓰기에서 무척 중요한 부분입니다. 예를 들어 4학년의 아이는 자신의 본질에 대해 탐구하거나 전통적인 성 역할에 대한 의문을 가질 수도 있습니다. 또는 사회적 불평등과 차별에 대해 문제를 제기할 수도 있습니다. 이런 여러 가지 의문을 자유자재로 뻗어나갈 수 있을 때 아이의 글쓰기는 한 단계 발전할 수 있습니다. 책을 읽고 나서 가지는 의문을 글 속에 정확히 표현하게 할 수 있는 것이 바로 문장의 구조 익히기 입니다. 문장의 구조란 비유, 비교, 예시, 원인과 결과, 인용, 분류 등을 말합니다.

한 수업을 예로 들어 보겠습니다.
「나메토코 산의 곰」이라는 책을 읽고 동물과 관련해 '분류'에 대해 아이들과 이야기를 하면서 자연스럽게 아이들이 여러 가지 분류를 익히도록 합니다.

> 일본의 동화 작가 미야자와 겐지의 섬세한 감성과 철학이 담겨 있는 책으로, 외롭고 가난한 고주로는 나메토코 산의 사냥꾼입니다.
> 거친 사냥꾼 고주로는 생계를 위해 사냥을 하지만 때로는 곰을 보고 지나치는 경우도 있습니다. 나메토코 산의 곰들이 마냥 고주로는 싫어하지 않는 이유이기도 합니다.

분류를 하기 위해서는 반드시 기준이 들어가야 하는데 분류의 기준을 어떻게 세워야 하는지 아이와 이야기해보는 것이죠. 만약 아이가 분류를 잘못했다면 기준을 잘못 세워서 그렇다는 것을 깨우칠 수 있습니다.

예) '사람들이 살아가면서 동물로부터 얻은 것'이라는 기준을 세워 눈에 보이는 것과 보이지 않는 것으로 분류해봅니다.

분류라는 구조형식을 글쓰기에 활용해 봅시다.

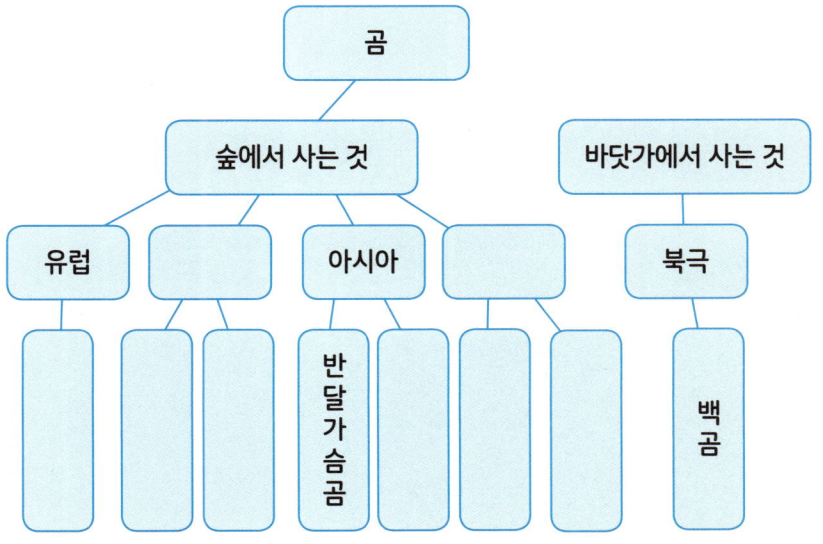

출처 : 주니어 플라톤 라이팅 참고

1. 사는 곳을 기준으로 채원이가 곰들을 어떻게 분류했는지 정리해 보고, 분류가 잘못된 부분을 찾아 보세요.

글쓰기 주제:
분류를 활용해 사람이 살아가기 위해서 동물을 죽이는 것에 대해서 써보기

이와 같은 과정을 통해 '분류'라는 글쓰기 구조를 아이가 익힐 수 있습니다. 분류 말고도 다양한 구조가 있죠. 예시라고 한다면 속담이나 명언, 사자성어도 활용할 수 있습니다.

교과서에 나온 지문을 활용해서 글쓰기를 해보는 것도 좋습니다. 3학년부터는

글쓰기 전에 가장 먼저 배우는 것이 개요 짜기입니다. 교과서를 정확하게 읽히는 게 중요합니다. 교과서와 관련해서 사회 문제 개요 짜보기를 할 수도 있습니다. 개요 짜기는 아이가 자신의 생각을 정리해서 글을 쓰기 위한 단계입니다.

글쓰기 개요 짜기 예시 - 조사 보고서의 쓰기틀 개요 짜기
조사보고서의 쓰기틀을 살펴보세요

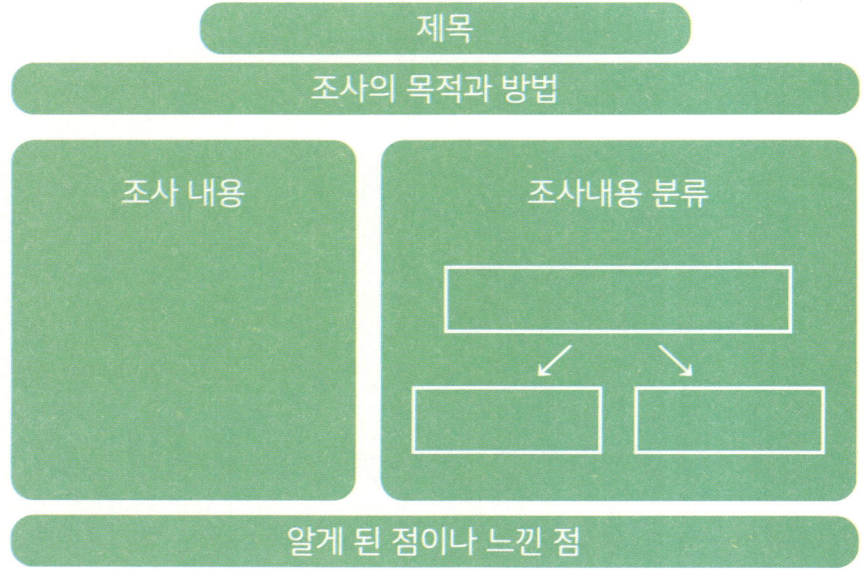

출처 : 주니어 플라톤 라이팅 참고

이 시기의 아이에게는 다양한 구조를 활용하여 다양한 글을 쓸 수 있도록 지도해주어야 합니다. 집에서 아이에게 글쓰기 구조를 익히게 해주려면 형식이나 이전에 썼던 글에서 적절한 것을 찾아 복사해두고 활용하면 좋습니다. 아이가 글쓰기를 힘들어 할 때마다 예시나 분류, 비교 등을 보여주면 도움이 됩니다. 구조나 형식은 틀이 정해져 있는 것입니다. 중요한 건 아이가 배경지식을 기본으로 자신의 생각을 잘 정리해서 얼마나 표현할 수 있는가 입니다. 구조는 익히기만 하면 되니까요. 그 구조 안에서 자신의 생각을 자유자재로 활용할 수 있다면 글쓰기는 더 이상 어려운 것이 아닙니다.

　　자서전, 기사문, 기행문, 독후감 등의 다양한 글의 종류와 구조만 익히면 얼마든지 쉽게 쓸 수 있습니다. 사실 국어도 수학처럼 공식이 있습니다. 대신 공식에 자신의 생각을 대입 합니다. 수학도 공식을 응용해서 풀어야 하듯이 말입니다. 글쓰기도 글의 종류와 구조를 다양하게 활용하면 글의 내용이 다양해지고 풍부해지게 됩니다.

Summery !

학교에서 요구하는 글쓰기에는 여러 종류가 있습니다.
미리 다양한 글의 종류를 읽어보고 써보게 하는 것이 도움이 됩니다. 많이 읽다 보면 자연스럽게 형식을 익힐 수 있습니다.
글의 종류에는 독서감상문, 기행문, 생활문, 기사문 등이 있으며, 글의 구조는 비유, 비교, 예시, 원인과 결과, 인용, 분류 등을 말합니다.

04
자신감을 키워주는 글쓰기!

질문하며 글쓰기

생각이 나지 않아 글쓰기의 어려움을 호소하는 아이들이 있습니다. 기행문을 쓰라고 했을 때 불과 며칠 전에 여행을 다녀왔는데도 기억이 나지 않는다고 말하는 아이들이 있죠. 그럴 때 부모님의 질문은 아이의 생각을 이끌어 낼 수 있는 좋은 방법입니다.

여기서 우리나라의 교육의 문제점을 이야기하지 않을 수 없습니다. 현재 학교에서 진행되는 학습은 지나치게 형식적인 경우가 많습니다. 예를 들어, 글쓰기 과제를 낼 때 아이 스스로 생각하기 힘든 주제를 던져준다거나 독서퀴즈를 한다고 몇 권의 책을 선정한 뒤 간단한 질문으로 끝내버려서 책을 깊이 이해하고 생각하기보다 단순히 확인하려는 교육에서 마무리되는 경우가 많죠. 생각이라는 것은 자발적으로 경험하고 배우는 과정 속에서 자연스레 형성되는 것입니다. 몸소 깨닫고 느껴야만 오래 기억할 수 있습니다.

하지만 요즘 아이들은 부모님의 강요에 의해 어쩔 수 없이 공부하는 것이 대부분입니다. 하루에 아이가 해야 할 일이 너무 많기도 하죠. 방과 후 기본 2~3개의 학원을 다니는 것은 물론 집에 돌아와 학습지에 숙제까지 하고 나면 파김치가 되기 일쑤입니다. 아이의 생각은 고려하지 않는 기계적인 학습에 시달리고 있는 것입니다.

이런 상황 속에서 기억나는 걸 써보라고 하면, 아이는 오늘 한 일이라 할지라도 쉽게 기억해내지 못합니다. 이럴 때는 아이를 다그치지 않고 아이의 시간표를 함께 보며 자세히 질문을 해주는 것이 좋습니다. 말을 하고 글을 쓰는 데 어려움을 느끼는 아이에게 이 방법은 생각보다 큰 도움이 됩니다. 이런 과정을 통해 문장을 만드는 연습을 하면 일기쓰기를 보다 친근하게 느낄 수 있습니다.

'제목일기'를 쓰게 하는 것도 좋은 방법입니다. 제목일기는 말 그대로 일기에 제목을 붙이는 것입니다. 예를 들어, 오늘 하루 가장 기억에 남는 일을 제목으로 써보게하는 것이죠. 특정한 주제나 소재 없이 막연하게 일기를 쓰려고 하면 두서없이 한 일을 나열하고 '재미있었다'로 마무리하는 일기를 쓰기 쉽습니다.

리딩북 제목: 꼬마 곡예사

날짜 : 9월 7일
제목 : 특별한 생일 파티

내 생일 파티 날이 되었다.
친구들이 초인종 소리와 함께 와르르 몰려왔다. 친구들이 나의 생일을 축하해 주니까 너무 기뻤다. 내가 케이크 촛불을 끄고 여러 가지 선물을 받았다. 인형, 편지, 장난감 등 여러 가지가 있었다. 그런데 진우가 갑자기 일어나더니 선물로 내가 좋아하는 노래를 불러주었다.
다른 친구들보다 초라하지만 제일 행복하고 감동적인 선물이었다.
특별하고 감동적인 생일파티였다.

> **저자의 사례**
>
> 아이가 일기를 못 써서 새벽 1시까지 실랑이를 벌였다고 토로했던 엄마가 있었는데요. "왜 기억이 안나?"라고 다그치자 아이는 울면서 짜증만 부렸다는 겁니다. 아이는 일기를 쓸 수 없는 나름의 이유를 가지고 있었습니다. 선생님이 일기에 제목을 정해줬는데 그 제목에 맞는 일이 기억나지 않았던 것이죠. 이럴 때는 엄마가 먼저 아이의 기억을 끄집어내주는 것이 좋습니다. "너 오늘 이런 일이 있지 않았어?", "그때 네가 참 재미있어 했던 것 같은데?"와 같은 말들로 유도하면 아이는 보다 쉽게 일기를 쓸 수 있습니다. 기억하지 못한다고 아이를 다그쳐서는 안 됩니다.

부모가 먼저 자신이 쓸 일기에 대해 이야기하는 것도 좋은 방법입니다. "엄마는 오늘 회사에서 있었던 일을 쓸 거야"라고 먼저 화두를 던지는 것입니다. 그러면 아이도 엄마를 따라 오늘 자신이 한 일들을 생각해보고 일기의 주제를 정하려 할 것입니다. 아이를 움직이게 하는 것은 부모님의 강요가 아니라 부모님의 행동입니다.

쓰지 않고 끊임없이 질문을 하는 아이들도 있습니다. 아이가 할 일을 하지 않고 계속 질문을 하면 왜 집중하지 않냐고 야단을 치는 부모님이 많죠. 한창 호기심이 왕성할 시기의 아이가 한가지 일에 오래 집중하지 못하는 것은 자연스러운 현상입니다. 야단을 쳐서 아이의 질문을 막는 대신 아이가 의미 있는 질문을 할 수 있도록 유도하는 것이 좋습니다.

가령 아이가 일기를 써야 한다면 일기를 쓰는 동안 진짜 궁금한 질문을 할 수 있는 '질문찬스'를 주는 것도 좋은 방법입니다. 아이는 꼭 필요한 질문을 걸러내기 위해 생각하는 시간을 가지게 됩니다. 이 방법을 활용하면 머릿속에 떠오르는 대로 질문하는 습관을 고칠 수 있습니다. 노트에 질문거리를 적게 하는 방법도 있습니다. 아이가 미리 궁금한 점을 적어두면 일기를 다 쓴 뒤에

답해주는 것입니다. 엄마에게 했던 질문을 가지고 글쓰기에 활용할 수 있도록 유도하는 것도 좋습니다. 이런 방법들을 통해 아이는 일기쓰기를 재미있는 것으로 인식하게 됩니다.

잘하는 것을 찾아 칭찬하기

글쓰기는 뇌를 많이 쓰는 활동입니다. 에너지 소비가 심한 일이기도 하죠. 때문에 아이가 글쓰기를 할 때는 칭찬이 우선되어야 합니다. 아주 짧은 문장 안에서도 잘한 점을 찾아 칭찬할 수 있어야 하는 것입니다. 칭찬을 해주면서 잘못된 부분을 함께 고쳐나가는 것도 잊지 말아야 합니다. 가령 **"엄마 생각에는 이 단어보다 더 나은 단어가 있을 것 같은데 어떻게 생각하니?"** 하고 물어보는 겁니다. 아이가 적절한 단어를 찾으면 새로운 단어로 고쳐 쓰게 합니다. 그리고 문장이 어떻게 바뀌었는지 이야기해보는 것이죠.

이런 방식으로 글쓰기를 배우면 아이는 어휘를 습득함과 동시에 문장 안에서 어휘가 어떤 힘을 발휘하는지 몸소 느낄 수 있습니다. 나아가 자기 생각에 가까운 단어를 활용해 글을 쓰는 법을 배우게 됩니다. 바꾼 단어 하나로 인해 전달하고자 하는 의미가 더욱 강해진다는 것을 확인할 수 있는 것입니다.

이런 과정을 지속적으로 반복하면 단어를 신중하게 선택해서 글을 쓰는 습관을 기를 수 있습니다. 어떤 어휘를 쓰느냐에 따라 문장이 천차만별로 달라질 수 있고 내용 전달력 높아진다는 것을 알고 있기 때문입니다. 글의 분량은 중요한 것이 아닙니다. 길든 짧은 쓰여진 문장 안에서 칭찬할 수 있도록 노력해야 합니다.

대부분의 부모님은 아이의 잘못된 점을 찾으려 합니다. 하지만 글쓰기에서는 아이가 보람을 느끼는 것이 무엇보다 중요합니다. 저학년 아이에게는 가능한 칭찬을 많이 해주는 것이 좋고, 고학년 아이에게는 어떤 부분이 잘 써졌는지 상세히 칭찬하고 부족한 부분에 대한 피드백을 해주는 것이 좋습니다. 제목이 참신하다든가 주장에 대한 근거가 탄탄하다든가 하는 식으로 아이의 생각을 구체적으로 칭찬한 후에 부족한 부분에 대한 의견을 주는 것입니다.

글씨가 엉망인 경우에는 이런 칭찬을 해주면 좋습니다. "글은 완벽한데 글씨가 조금 아쉽다. 글씨를 조금만 더 예쁘게 쓰면 너의 생각을 더 상대방에게 잘 전달할 수 있을 것 같아." 라고 말해 주는 것이죠. "아빠 혼자 보기에는 아까운 글이다."라고 말하면서 아이 앞에서 일부러 사진을 찍는 것도 좋은 방법입니다.

우리나라 부모님들은 칭찬에 인색합니다. 매일같이 학교나 학원에서 평가를 받고 친구들과 경쟁을 하는 요즘 아이들에게 칭찬은 늘 부족하기 마련입니다. 과하다고 생각할 만큼 칭찬해주는 것이 좋습니다.

자존감이 높은 아이들은 생각보다 많지 않습니다. 의기소침하고 주눅들어 있는 아이들도 적지 않죠. 한국은 OECD 가입 국가 중에서 어린이 행복지수가 가장 낮은 나라입니다. 혼나는 것에 대한 두려움을 가지고 있는 아이들이 많습니다. 물론 부모님 입장에서 아이가 글을 못쓰면 속이 상하고 화가 날 수 있습니다. 하지만 겉으로 그런 내색하지 않도록 유의해야 합니다. 아이에게 직접적으로 부정적인 감정을 표현하는 것은 아이의 자존감을 떨어뜨릴 수 있는 나쁜 행동입니다.

상담을 해보면 10명 중 9명의 부모님이 아이의 부족한 점을 먼저 이야기합니다. 잘하고 있는 것을 먼저 이야기하는 부모님은 거의 없습니다. 아이가 9개를 못하고 1개를 잘하더라도 그 잘하는 1개를 칭찬해주면 못하는 9개를 잘할 수 있는 용기를 가지게 됩니다. 우선 아이가 잘한 1개를 칭찬해주고 나머지 부족한 것을 고치기 위해 부모님과 아이가 함께 노력하라고 당부드리고 싶습니다.

Summery!

글쓰기를 시작도 하지 못하는 아이가 있습니다. 이런 아이는 생각이 정리되어 있지 않은 경우가 많습니다. 아이가 생각을 끄집어 낼 수 있도록 도와주면 훨씬 수월하게 글쓰기를 할 수 있습니다. 글쓰기를 힘들어 하는 아이일수록 칭찬을 해주는 것이 매우 중요합니다.

'제목일기'를 쓰게 해주세요!
제목일기는 말 그대로 일기에 제목을 붙이는 것입니다. 오늘 하루 가장 기억에 남는 일을 제목으로 써보게 하는 것이죠.

05
글쓰기엔 정답이 없다!

아이들이 무언가에 대해 판단하기 시작하면 그 판단의 옳고 그름에 대해 이야기해줄 수 있어야 합니다. 아이는 어른들의 말을 통해 자신의 생각을 다시 검토해볼 수 있습니다. 아이들이 판단 능력 또한 부모님의 행동에 따라 큰 차이를 보일 수 있습니다.

너의 생각도 맞다!
아이가 어떤 이야기를 하면 우선 존중해주는 것이 좋습니다. 이후 반드시 아이가 왜 그런 생각을 했는지 배경에 대해 물어봐야 합니다. 아이의 설명을 듣지 않은 채 아이의 생각을 잘못된 것이라고 단정해 버리면 아이는 가지고 있던 생각이나 알고 있던 지식에 대해 큰 혼란을 겪게 됩니다. 이런 상황이 반복되면 자신의 생각에 확신을 가지지 못하게 되기 쉽죠. 결국 아이의 자신감은 걷잡을 수 없이 떨어지고 맙니다.

아이의 생각을 충분히 지지해주는 것이 중요합니다. 책을 읽은 후 아이가 어떤 의견을 얘기했을 때 옳고 그름이 명확한 게 아니라면 "네 생각이 틀린 건 아니야. 이 문제에는 정답없는 거야"라고 말해줄 수 있어야 합니다. 아이를 대화의 장으로 이끌어주는 것이죠. 이런 훈련을 지속적으로 반복하다 보면, 아이는 자기 생각에 대한 자신감을 가지고 자유롭게 이야기할 수 있게 됩니다. 이 과정은 아이의 가치관 형성에 있어서 가장 중요한 부분이라 할 수 있습니다.

보통 한국의 부모님들은 아이와 대화를 하기보다 일방적으로 말하는 경우가 많습니다. 이것은 아이를 온전한 하나의 인격체로 존중해주는 태도가 아닙니다. 아이의 말이 조금만 길어지면 참지 못하고 막거나, 간단하게 이야기하라고 다그치거나, 이야기가 틀렸다고 지적하는 경우가 많습니다. 권위적인 방식으로 의사소통을 하고 있는 것입니다.

<u>아이의 말을 주의 깊게 경청한 후, 공감해주고 칭찬해주면 아이는 자신의 생각에 자신감을 갖게 됩니다.</u> 자신감 있는 아이들은 역량이 커질 수밖에 없습니다. 틀려도 다시 시도할 수 있도록 독려하는 것이 자라나는 아이에게는 부모님이 할 수 있는 가장 좋은 역할입니다. 외국어를 배울 때도 두려움이 크면 실력이 늘지 않습니다. 일단 다가가서 부딪혀 볼 수 있게 자신감을 심어주는 것이 부모님이 해야 할 일입니다.

독서지도 수업을 해보면 좀처럼 손을 들지 않는 아이와 무작정 손을 들고 보는 아이가 있습니다. 손을 드는 아이는 생각이 정리되어 있거나 자신감이 넘치는 아이입니다. 이런 아이는 잘 몰라도 일단 자신의 생각을 이야기하려는 성향이 있습니다. 틀리는 것에 두려움이 없기 때문입니다. 아이가 이야기하면 저자는 "아! 너 그런 생각을 했구나. 그 생각의 근거는 무엇이니?"라고 물어봅

니다. 아이가 적절한 대답을 하지 못하더라도 지적하지 말고 함께 그 근거를 찾아보아야 합니다.

<u>아이가 틀리는 것에 두려움을 가지게 해서는 안 됩니다.</u> 독서뿐만 아니라 모든 학습은 알아가는 재미를 느끼는 것이 중요합니다. 재미로부터 자신감을 이끌어낼 수 있기 때문이죠. 수업시간에 손을 들지 않는 아이는 정답이 아닌 것에 엄청난 두려움을 느끼고 있을 가능성이 높습니다. 주로 학습지 위주의 공부를 했던 아이들에게서 나타나는 성향인데요. 학습지는 문제를 푼 뒤 선생님이 아이의 답을 확인하는 방식으로 수업이 진행됩니다. 문제를 틀렸을 때, 계속해서 지적을 받으면 아이는 점수에 지나치게 연연하게 됩니다. 특히 저학년일 때부터 정답을 요하는 공부를 중점적으로 하면 아이는 정답을 맞춰야 한다는 엄청난 압박감에 시달릴 수밖에 없죠. 정답이 아닌 것을 말했을 때, 부모님의 시선이나 선생님의 지적을 받는 것을 두려워하기 때문입니다.

글을 쓸 때도 남에게 보이지 않기 위해 가리고 쓰는 아이가 있는 반면 누가 보든 신경 쓰지 않는 아이도 있습니다. 자신감의 차이가 행동의 차이를 만들어낸 것입니다. 감추면서 쓰는 아이는 틀리는 것에 대한 두려움이 큰 아이입니다. 이런 아이들의 부모님과 상담을 해보면 지적을 자주하는 성향이라는 것을 알 수 있습니다. 어렸을 때부터 줄곧 지적을 받아온 아이들은 틀리는 것에 대한 두려움으로 아무것도 시도할 수 없게 됩니다. 지적을 당할까 봐 어떤 일에도 선뜻 나설 수 없게 되는 것이죠.

글쓰기에 정답은 없다!

글쓰기야말로 정답이 없는 공부입니다. 글쓰기에는 정답 대신 자기 생각만 있을 뿐입니다. 글쓰기에 정답이 정해져 있다면 창의력이 무슨 소용이 있을까요? 저자는 항상 아이들에게 한 줄을 쓰더라도 자기 생각이 온전히 드러날 수 있게 써야 한다고 이야기합니다.

한 줄을 쓰라고 하면 정말 딱 한 줄만 쓰던 아이가 있었습니다. 아이에게 "선생님과의 약속을 지켰구나"하며 칭찬했더니 크게 웃고는 계속 한 줄만 써도 되냐고 물어보더군요. 그래서 저자는 계속 한 줄을 써도 좋다고 얘기했습니다. 대신 한 줄로 쓰여진 글들을 묶어서 얘기해보자고 제안했죠.

아이가 어른을 시험해보는 경우가 있습니다. '진짜로 선생님이 약속을 지킬까?'하고 말이죠. 저자가 그 아이를 지적하지 않고 칭찬했을 때, 아이는 "아, 나는 약속을 잘 지키는구나!" 라는 생각이 들어 선생님에게 인정받은 느낌이 들었다고 합니다. 아이는 더 이상 글의 분량에 연연하기 않게 되었습니다. 그보다 글쓰기를 재미있게 여길 수 있게 되었죠.

아이들은 어른들이 믿어주면 자신을 믿어주는 것에 대한 보답을 하곤 합니다. 어느 날 그 아이가 여느 때와 다르게 한 줄 이상으로 계속 글을 쓰는 것을 보았습니다. "왜 오늘은 한 줄 쓰기 안 하니?"라고 물으니 아이는 아무렇지 않게 "오늘은 생각이 많이 나서요. 더 쓸 수 있어요."라고 답했습니다. "약속을 깨도 좋은 경우가 있구나"라고 말하니 아이는 저를 보고 예쁘게 웃더군요. 그렇게 아이는 글쓰기에 대한 두려움을 극복할 수 있었습니다. <u>부모님도 아이에게 끊임없이 평가를 당합니다. 아이가 신뢰감을 가질 수 있도록 한결 같은 모습을 보여줄 수 있어야 합니다.</u>

양보다 질이다!

글쓰기에서는 양보다 질이 중요합니다. 글 한 줄을 쓰더라도 그 안에서 아이의 가치관을 엿볼 수 있습니다. 부모님은 아이가 쓴 단 한 줄의 글에 관해 적절한 피드백을 할 수 있어야 합니다. 아이가 쓴 문장의 내용과 관련된 사자성어를 찾아본다든지 속담을 찾아보도록 유도해보는 것이죠. 글을 조금 더 매끄럽게 다듬어가는 훈련을 하는 것입니다. "속담을 인용해서 설득력을 높여보면 어떨까?"와 같은 방식으로 지도해주면 좋습니다.

명언이나 속담, 사장성어, 기사문 등 누군가의 말을 인용해 글을 쓰면 훨씬 더 풍부한 글을 만들 수 있습니다. 아이가 인용하는 글쓰기를 할 수 있도록 부모님이 조언을 해주는 것도 좋습니다. 책상에 사자성어나 속담 등을 출력해서 붙여 놓으면, 아이가 새로운 단어를 이용하여 글을 쓸 수 있습니다.

글을 쓰기 전에 글쓰기에 필요한 소스를 찾는 놀이를 하면 좋습니다. "게임을 할 때 아이템이 필요하지? 글을 쓰는 데도 아이템이 필요해."라며 유도하는 것입니다. 아이가 쉽게 이해할 수 있도록 익숙한 개념을 사용해 호기심을 자극하는 것도 방법입니다. 이런 활동을 통해 글 속에 들어갈 명언이나 속담을 찾아 활용하는 능력을 기를 수 있습니다.

<글쓰기 아이템 찾기> 예시
먹을 거리 문제를 제대로 해결하지 않는 어른들에게 어떤 말을 인용해 연설문 내용을 쓰면 좋을까요?

> '소탐대실' : 작은 것을 탐하다가 큰 것을 잃는다는 뜻의 고사성어'
>
> '소 잃고 외양간 고친다' : 소를 도둑맞고 나서 외양간의 허물어진 데를 고치느라 수선을 떤다는 뜻의 속담으로, 일이 이미 잘못된 뒤에는 손을 써도 소용이 없음을 비꼬는 말.
>
> '사람은 혼자 사는 것이 아니다' : 사람들은 사회라는 공동체 속에서 서로 영향을 주고 받으며 산다는 뜻으로, 영국의 철학자인 러셀의 명언.

> 도움말 : 글을 쓸 때 신문 기사나 고사성어, 명언 속담 등을 인용하는 것도 청중을 설득할 수 있는 좋은 방법입니다.

저학년 아이의 일기쓰기를 지도하기 위해서는 아이가 글을 쓰기 전 이와 같은 놀이를 하는 것이 좋습니다. 우선 기분 좋을 때 쓰는 단어와 기분 나쁠 때 쓰는 단어를 각각 나열합니다. '착하다'나 '나쁘다' 같은 포괄적인 표현을 쓰는 것은 추천하지 않습니다. 그보다는 더 명확한 표현이 좋습니다. 가령 '착하다' 대신 '배려심이 많다', '이해심이 많다', '잘 돌봐 준다'와 같은 구체적인 단어를 쓰는 것이 좋습니다. '나쁘다'는 단어 대신에는 '이기적이다', '배려할 줄 모른다', '이해심이 없다' 등의 표현을 쓰는 것이 좋습니다. 구체적인 어휘로 글을 쓰면 자기의 생각을 보다 자세하게 표현할 수 있는 것은 물론 생생한 묘사도 가능해집니다.

구체적인 어휘로 바꾸기

> '착하다' 라는 표현 대신 구체적인 표현으로 바꿔 보기.

- 심청이는 착하다.
- 심청이는 (효녀다.)
- 심청이는 아버지를 (잘 돌봐준다.)
- 심청이는 (책임감이 강하다.)

> '나쁘다' 라는 표현 대신 구체적인 표현으로 바꿔 보기.

- 놀부는 나쁘다.
- 놀부는 (이기적이다.)
- 놀부는 (욕심이 많다.)
- 놀부는 남을 (배려할 줄 모른다.)

    글을 잘 쓰느냐 못 쓰느냐 하는 문제는 표현에서 결정된다고 해도 과언이 아닙니다. 그만큼 글쓰기에 있어 어휘의 선택이 중요합니다. 독서가 중요한 이유가 여기에 있습니다. 책 속에서 좋은 어휘들을 많이 습득하면 글쓰기에 활용할 수 있기 때문입니다.

    앞서 여러 번 강조했지만 독서에는 읽고 말하고 쓰는 모든 과정이 포함됩니다. 이 삼박자가 맞아야만 아이의 독서가 비로소 완성됐다고 할 수 있습니다. 독서에 필요한 모든 과정은 부모님과 아이가 함께 할 때 크게 발전할 수 있습니다.

Summery!

<u>글쓰기를 할 때 아이의 자신감은 아주 중요합니다.</u> 때문에 아이의 생각을 충분히 지지해주는 것이 필요합니다. 책을 읽은 후 아이가 어떤 의견을 얘기했을 때 옳고 그름이 명확한 게 아니라면 "네 생각이 틀린 건 아니야. 이 문제에는 정답 없는 거야"라고 말해줄 수 있어야 합니다. 글쓰기에는 정답이 없다는 것을 아이에게 인식시켜 줄 수 있어야 합니다.
아이의 말을 주의 깊게 경청한 후, 공감해주고 칭찬해주면 아이는 자신의 생각에 자신감을 갖게 됩니다. 자신감 있는 아이들은 역량이 커질 수밖에 없습니다. 틀려도 다시 시도할 수 있도록 독려하는 것이 자라나는 아이에는 할 수 있는 부모님의 가장 좋은 역할입니다.
먹을 거리 문제를 제대로 해결하지 않는 어른들에게 어떤 말을 인용해 연설문 내용을 쓰면 좋을까요?

06
글쓰기 노트 쪼개기는 어떻게 할까요?

아이의 글쓰기 실력을 키우려면 아이의 호기심을 자극하고 동기를 부여할 필요가 있습니다. 글쓰기는 부모님의 끊임없는 관심과 지도가 필요한 학습입니다.

예전에 아이의 글쓰기를 지도하는 게 힘들다고 상담을 요청해온 한 엄마가 있었습니다. 그때 저자가 추천했던 방법이 글쓰기 노트 쪼개기입니다.

초등학생이 글쓰기를 혼자서 하는 것은 결코 쉬운 일이 아닙니다. 글 쓰는 것을 힘들어 하는 아이에게는 자신의 글쓰기 과정을 보여주는 것이 좋습니다. 이것이 바로 글쓰기 노트 쪼개기이죠.

글쓰기에도 다양한 종류가 있습니다. 책을 읽고 쓰는 독후감, 하루를 돌아보며 쓰는 일기, 책 속 주인공에게 쓰는 편지, 여행에 다녀와서 쓰는 기행문 등 그 소재와 주제가 무척 다양합니다. 노트 쪼개기는 아이가 다양한 글쓰기를 꾸준히 할 수 있도록 글쓰기 노트를 분리하는 것입니다. 앞서 언급한 글쓰기를 모두 하면 좋겠지만 저학년일 때는 독후감노트, 편지 노트, 일기 등 3~4개 정도의 노트 쪼개기를 시키는 것이 적당합니다.

독서 감상문 노트, 질문 노트, 편지 노트, 일기 노트 등등

노트 쪼개기를 하면 아이는 자연스럽게 생각을 정리하는 습관을 기를 수 있습니다. 아이를 지도하다 보면 한 노트에 독후감과 일기 같은 다른 종류의 글이 혼재되어 있는 경우가 많습니다. 손에 닿는 대로 아무 곳에나 글쓰기를 하면 아이는 자신이 쓴 글에 대해 보람을 느끼기 어렵습니다. 또한 잘 쓰고 있는지 아닌지 점검하기도 힘들죠.

아이 스스로 어떤 글을 쓰고 있는지 확실하게 인식할 수 있도록 하는 것이 바로 글쓰기 노트 쪼개기입니다. 노트를 쪼개다 보면 자연스럽게 글의 종류도 익힐 수 있고 한눈에 자신이 써왔던 글을 확인할 수도 있습니다. 한 권의 노트를 다 채웠을 때의 성취감은 말 할 필요도 없겠죠. 책꽂이에 글쓰기 노트가 잘 정리되어 있으면 글쓰기에 대한 자부심이 생기고 이는 지속적인 글쓰기로 이어지게 됩니다. 기록하는 습관이 몸에 베이게 되는 것이죠.

<u>독서를 하면서 꾸준히 글쓰기 노트를 쪼개서 정리하면 숙제로도 활용할 수 있습니다</u>. 글쓰기 숙제가 있을 때 기존에 써놨던 글을 다듬어 숙제로 이용할 수 있기 때문입니다.

글쓰기 노트 쪼개기를 어렸을 때부터 꾸준히 하면 아이의 <u>능동적인 학습</u>이 가능해집니다. 공부할 때 아이 스스로 분류해서 정리하는 습관이 몸에 베이게 되는 것입니다. 아이가 머릿속으로 공부한 내용을 잘 정리할 수 있으면 혼자서도 계획적인 학습을 할 수 있게 됩니다. <u>자기주도적 학습</u>이란 말처럼 어려운 것이 아닙니다. 독서와 글쓰기만으로 얼마든지 훈련할 수 있습니다. 엄마가 강요하거나 감시하지 않아도 혼자서 공부를 하게 되는 것입니다. 글쓰기 습관 하나만 몸에 잘 베이면 다른 공부를 할 때도 <u>스스로</u> 정리하며 배울 수 있습니다.

노트 쪼개기를 할 때 굳이 새로운 노트를 구매할 필요는 없습니다. 이면지를 묶어 라벨 하나만 붙여서 활용해도 괜찮습니다. 중요한 것은 부모님과 아이와 함께 만드는 것입니다. 아이가 아주 어렸을 때는 엄마가 만들어주고, 아이가 어느 정도 성장했을 때는 함께 만들고, 나중에는 아이 혼자서 만들도록 지도해주는 것이 좋습니다. 독서를 하다가 엄마에게 궁금한 게 있을 때 적는 질문 노트, 책 속 주인공에게 쓰는 편지 노트, 오늘 하루 있었던 일을 적는 일기노트 등 아이에게 필요한 노트를 일상 생활 속에서 자연스럽게 하나씩 만들어보게 하세요. 처음부터 노트를 만들어놓고 시작하는 것보다 책을 읽으면서 필요에 따라 만들어가는 것이 더 좋습니다.

<일기 노트 사례>

날짜 : 2016년 12월 17일 토요일   날씨 : 온천 가고 싶은 날씨

제목 : 맛있는 저녁

오늘 저녁에 패밀리 레스토랑에 갔다 저녁식사는 내가 좋아하는 곳에 갔다. 내가 왜 패밀리 레스토랑을 좋아하냐면 무한리필이기 때문이다. 또 연어 회가 가장 맛있다. 나는 영어의 훈제 향이 너무 좋다. 하지만 연어 회가 없어지고 초밥이 생겼다. ………(생략)

Summery!

글쓰기 노트를 쪼개 보세요!
한 권에 여러 글을 복잡하게 쓰는 것보다 여러 권으로 나누어서 쓰는 게 좋습니다. 편지 글은 편지 노트에만 쓰고 감상문은 감상문 노트에만 쓰는 습관을 들이면 나중에 과제를 할 때도 많은 도움이 됩니다.

글쓰기 노트 쪼개기를 어렸을 때부터 꾸준히 하면 아이의 능동적인 학습이 가능해집니다. 공부할 때 아이 스스로 분류해서 정리하는 습관이 몸에 베이게 되는 것입니다. 아이가 머릿속으로 공부한 내용을 잘 정리할 수 있으면 혼자서도 계획적인 학습을 할 수 있게 됩니다. 자기주도적 학습이란 말처럼 어려운 것이 아닙니다.

07
좋은 글쓰기를 하려면?

　좋은 글을 쓰려면 우선 좋은 글을 많이 읽어야 합니다. 책 속의 좋은 표현을 자기 표현으로 체화하면 자기 생각을 글로 잘 표현할 수 있습니다. 하지만 책만 읽는다고 표현력이 절로 강해지는 것은 아닙니다. <u>독서를 통해 표현력을 향상시키려면 책 속에 나왔던 좋은 문장이나 어휘를 자기 것으로 만드는 것이 우선입니다.</u> 때문에 아이가 책을 읽고 나면 책 속에 나온 좋은 문장이나 새롭게 알게 된 어휘를 체크해서 일상생활에서 써보게 하는 것이 중요합니다.

　좋은 책을 가져와서 읽게 했다면 그 책에 대해 반드시 피드백을 해야 합니다. 어떤 부분이 마음에 들었는지 아이와 대화를 나누는 것입니다. 아이에게 느낌을 물어봐도 좋고 글에서 인상적이었던 표현을 물어봐도 좋습니다. 아이가 글을 쓸 때 인용하면 좋을 것 같은 어휘를 찾아보는 것도 좋은 방법입니다.

예를 들어 새롭게 알게 된 단어를 넣어서 짧은 글짓기를 해보는 겁니다. 가족들끼리 그 어휘를 활용해 대화를 하는 것도 좋습니다. 좋은 책을 많이 읽으면 글을 보는 아이의 안목도 늘어나게 됩니다

가장 중요한 것은 아이가 좋은 글을 다양하게 접할 수 있도록 부모님이 이끌어주는 것입니다. 책뿐만 아니라 잡지나 신문 속의 글을 읽어보는 것도 중요합니다. 다른 친구들이 쓴 글을 읽고 함께 이야기 나눠볼 수도 있죠. 어떤 글이든 아이가 직접 장점과 단점을 찾아보게 하는 것이 중요합니다. "너라면 이 문장에 이 단어 대신 어떤 단어를 넣고 싶니?"라고 물으며 아이 스스로 생각해볼 수 있게 하는 것입니다.

아이가 어렸을 때 썼던 일기를 활용하는 것도 좋습니다. 예전에 썼던 일기를 보면, 자연스럽게 자신이 어떻게 글을 써왔고 어떤 점을 고쳐야 하는지 깨우칠 수 있습니다. 나중에 아이가 글을 쓸 때 이런 과정들을 떠올리며 글을 쓰면 더 좋은 표현을 생각해내는 데 많은 도움이 됩니다.

또래 친구들과 서로의 글을 돌려보면서 잘된 점과 부족한 점을 찾아보는 방법도 있습니다. 친구들의 눈을 통해 미처 알지 못했던 점을 깨달을 수 있고 나아가 부족한 부분을 고칠 수도 있습니다. 더 발전된 글쓰기가 가능해지는 것입니다.

글쓰기를 한 후 가족끼리 서로의 글에 대해 이야기를 나누면 글을 읽는 안목을 기르는 데 도움이 됩니다. 이럴 경우 부모님이 어울리지 않는 어휘를 사용해 문장을 쓰고 아이가 찾도록 유도하는 것도 좋습니다. 아이가 잘못된 어휘를 찾아 내면 반드시 칭찬을 해줘야 합니다. 그러면 아이는 장단점을 파악하기 위해서라도 글 읽기에 집중하게 됩니다. 가족간의 자연스럽게 피드백을 통해 아이의 시야를 넓혀주는 훈련을 하는 것이 좋습니다.

단, 글을 읽고 아이에게 피드백을 할 때 몇 가지 주의해야 할 사항이 있습니다.

• 한 줄 글쓰기라도 칭찬은 필수입니다.

아이가 글쓰기를 할 때 부모님이 제일 많이 하는 피드백 중 하나는 분량에 관한 것입니다. 앞서 이야기 했지만 한 줄을 쓰더라고 칭찬할 수 있어야 합니다. 글을 보는 안목을 키우기 위해서는 아이가 쓴 글에 대해 서로 이야기 나누는 것이 중요합니다.

• 질문은 충분히 해주세요.

"이 글에서 어떤 부분이 잘된 거 같니?"라고 물었을 때 "어휘 사용을 적절하게 한 거 같아요."라고 아이가 대답했다면 "왜 어휘 사용을 잘했다고 생각하니?"라는 정도까지만 질문을 해주면 됩니다. 피드백을 할 때는 아이의 의견에 대해 한두 번 정도만 되묻는 것이 좋습니다. 아이가 쉽게 이해 할 수 있도록 어려운 질문은 피합니다.

• 아이의 호기심을 자극하는 질문을 해야 합니다.

아이에게 책 제목을 어떻게 바꾸고 싶은지 물어보는 것도 좋은 방법입니다. 아이가 책을 읽고 나면 "책 제목을 바꿔보면 어떨까?"라고 질문한 뒤, 바꾼 제목에 대해 "왜 이렇게 바꿨니?"라고 다시 질문하는 식입니다.

수업을 할 때 아이들에게 책 제목을 바꿔보라고 하면 아이마다 다른 제목이 나옵니다. 자신이 바꾼 제목으로 새로운 글을 써보겠다는 아이도 있습니다. 좋은 피드백 하나로 아이의 글쓰기 욕구를 자극할 수 있는 것입니다.

• 흥미를 자극하는 정도의 질문만 하는 것이 좋습니다.

고학년에 올라가면 함께 신문이나 잡지를 보면서 서로 피드백을 하는 것이 아이의 지식 확장에 큰 도움이 됩니다. 이때는 해당 지식에 관해 집요하게 질문하는 것보다 아이의 흥미를 파악한 후 그것과 관해 가벼운 질문을 던지는 것이 좋습니다.

예를 들어 "엄마는 이 분야에 대해 잘 모르는데 너는 잘 아니까 정리해서 엄마한테 이야기 해줄 수 있겠니?"라고 묻는 겁니다. 엄마에게 자신이 아는 것을 설명하는 과정을 통해 아이는 뿌듯함과 성취감을 느끼고, 나아가 더 깊은 지식을 얻고 싶어 하는 욕구를 가지게 됩니다. 글을 읽고 새롭게 알게 된 지식으로 인해 또 다른 지식을 습득할 수 있게 되는 것이죠.

- **글로 피드백을 할 때는 문장으로 자세하게 표현해야 합니다.**
글씨(X), 잘함(O) → 이와 같은 단순 표현은 지양해주세요!
글씨를 잘 써서 엄마가 글을 편하게 읽었어! (O)
새로운 단어를 쓰니까 글이 훨씬 풍부해졌네! (O)

아이가 독서하는 모든 과정에서 가장 중요한 것은 부모님과의 대화입니다. 글을 읽힐 때도 무작정 강요하는 것보다 좋은 글을 많이 읽어야 좋을 글을 쓸 수 있다는 사실을 아이에게 이해시키는 것이 중요합니다.

Summery!

좋은 글을 쓰려면 좋은 글을 많이 읽어봐야 합니다. 좋은 글을 읽고 다양한 표현들을 메모해두었다가 글쓰기에 활용해보도록 합니다. 부모님이 아이 글에 피드백을 해줄 때에는 호기심을 자극하는 질문을 해주는 것이 좋습니다.

글을 읽고 아이에게 피드백을 할 때 몇 가지 주의해야 할 사항!

- 한 줄 글쓰기라도 칭찬은 필수입니다.
- 질문은 충분히 해주세요.
- 아이의 호기심을 자극하는 질문을 해야 합니다.
- 흥미를 자극하는 정도의 질문만 하는 것이 좋습니다.
- 글로 피드백을 할 때는 문장으로 자세하게 표현해야 합니다.

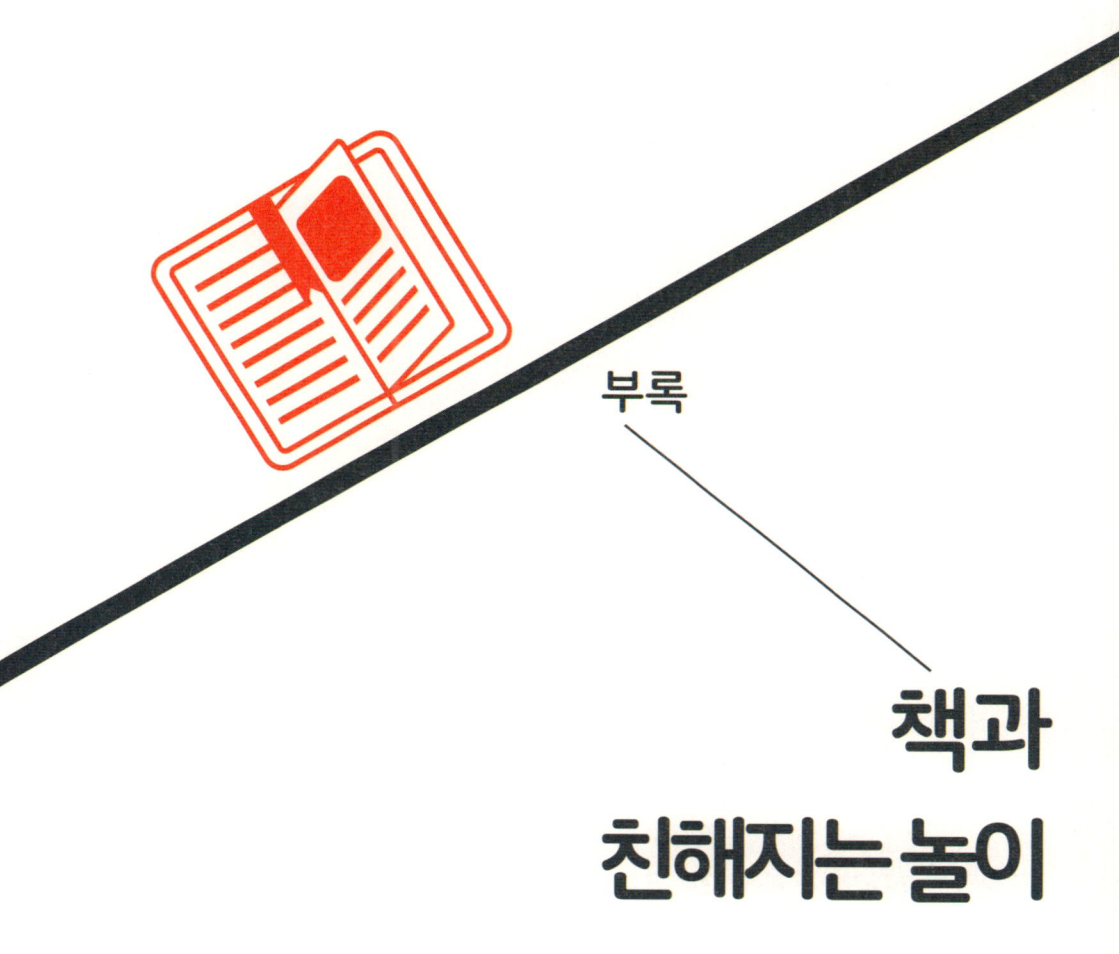

부록

책과
친해지는 놀이

놀이 단어 빙고게임

놀이 방법

① 책을 읽고 난 후 두세 글자로 된 단어를 찾아 빙고 판에 적는다.

② 서로 단어를 불러가며 좌로, 세로, 대각선 3줄을 완성하고 먼저 '빙고'라고 외치는 사람이 이긴다.

그 밖의 빙고 다양하게 활용하기

① ㄱ, ㄴ, ㄷ, ㄹ… 등 자음이 들어가 있는 단어를 찾아서 빙고 판에 적고 위와 같은 방법으로 빙고게임을 한다

② 책 주제와 관련된 단어들로 게임을 하는 것도 가능하다.
　　예) 동물, 식물, 인물, 감정을 나타내는 단어 등을 활용한다.

③ 빙고 게임에 익숙해지면 칸을 25개로 늘려서 해보는 것도 좋다.

④ 단어의 끝말 잇기

⑤ 단어의 첫말 잇기

놀이 주인공 살려 읽기

놀이 방법

이 활동은 저학년 자녀를 둔 부모님들에게 추천한다

한 페이지씩 돌아가며 읽어도 괜찮고 그림은 아이가 설명하고 글밥은 엄마가 읽는 방식으로 진행하는 것도 좋다. 대화체는 서로 역할을 나누어 읽어 본다. 아이가 인물의 말이나 행동을 어느 정도 이해하고 있는지 파악할 수 있어 좋다.

<작은 아씨들> 을 아이와 함께 읽어 보세요.

*아이의 연령에 따라 책은 선택하시면 됩니다.

놀이 인물 특징 정리하기

놀이 방법

책을 읽고 등장 인물의 특징을 정리하면 보면 책 내용을 쉽게 정리할 수 있다.

<미운 오리 아기>를 읽고 다음과 같이 인물의 특징을 정리해보세요.

미운 오리: 호기심이 많다, 여행하는 걸 좋아한다.

엄마 오리: 인정이 많다. 아기 오리를 걱정한다.

형제 오리들: 짓꽃다. 폭력적이다. 등등

*인물노트를 만들어 책을 읽고 난 후 정리하는 습관을 들이면 독후 활동에 많은 도움이 됩니다.

놀이 단답형 문제 내기

놀이 방법
① 카드에 책 내용과 관련된 단어들을 적는다.
② 아이와 부모님이 각각 5개씩 쓰고 서로 문제를 내서 맞춘다.

카드에 적힌 단어를 설명하면서 다양한 어휘를 구사할 수 있다. 저학년의 아이일 경우, 몸짓이나 표정으로 설명하는 것도 좋다. 비언어도 하나의 표현 방법이니 존중해 줘야 한다.

차양	관용	산울타리
백치	흥정	전염병

놀이 끝말 잇기

놀이 방법

책에 나온 중요 어휘를 제시해 주고 돌아가며 끝말을 잇는다.

예) 감동 -> 동사 -> 사인 -> 인물

놀이를 하다 보면 자주 등장하는 어휘들이 있는데 다음 번에 할 때는 그 어휘들을 빼는 규칙을 만들어 새로운 어휘들을 익히도록 하는 것이 좋다. 끝말 잇기를 할 때는 '5분 동안 20개 하기' 등 규칙을 만드는 것도 좋다. 아이가 끝말 잇기를 잘하면 첫말 잇기도 해보자.

예) 바지 -> 바가지 -> 바구니

나중에는 아이가 이기기 위해 사전을 찾아 볼 수도 있다. 끝말 잇기와 같은 방법으로 시간이나 개수를 정해서 하면 더 좋다.

아래 빈칸을 끝말 잇기로 채워 보세요.

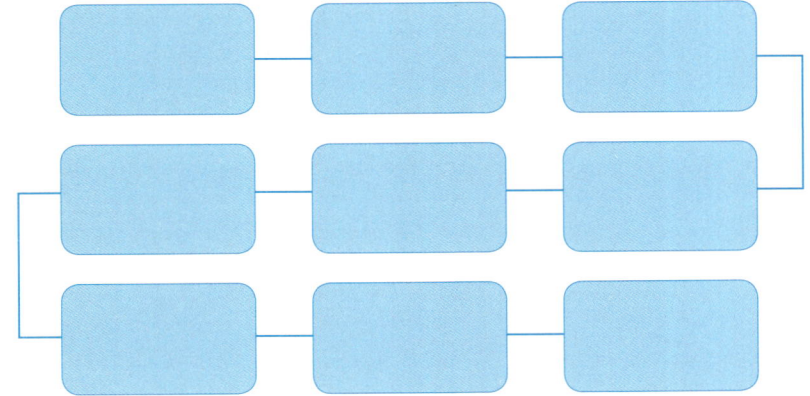

놀이 주인공의 성격을 단어로 풀어보기

놀이 방법

책을 읽고 주인공의 성격을 단어로 정리해보는 활동이다.

노트 하나를 준비해서 주인공 이름을 쓰고 성격을 5개 단어로 표현 한다. 아이들이 흔히 쓰는 '착하다', '나쁘다'라는 표현을 제외하고 다양한 어휘를 활용하도록 유도한다.

예) 「흥부와 놀부」를 읽고 성격을 단어로 나열해 보자.

흥부:

흥부 부인:

놀부:

놀부 부인:

놀이 집중력 키우기 놀이

놀이 방법
얇은 책부터 시작하는 것이 좋다. 스톱워치를 사용해 틀리지 않고 책을 읽는 시간을 잰다. 이때 크게 소리 내서 읽는 것이 중요하다. 이 활동을 통해 책을 정확하게 읽는 습관을 기를 수 있고 자신감도 높일 수 있다.

예) 시튼 동물기 (5학년)

<아이의 연령과 수준에 맞는 책을 골라 읽어보세요>

놀이 시간 안에 단어 찾기

놀이 방법

한 달에 한 번 어휘 로또 게임을 해보자.

한 달 동안 익힌 어휘들을 빈 종이에 무작위로 적는다. 이 때 엄마는 7개의 단어를 따로 적어둔다. 부모님이 고른 단어를 보여준 뒤 정해진 시간 동안 무작위로 써놓은 단어들 중 해당 단어를 찾게 한다. 아이가 시간 안에 단어를 찾게 되면 작은 상을 주는 것도 좋다.

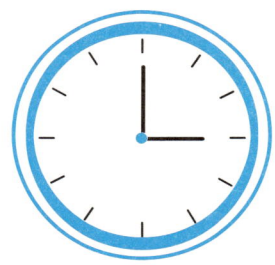

놀이 초성으로 책 제목 맞추기

놀이 방법

초성을 보고 책의 제목을 맞추는 게임이다. 게임을 하는 동안 아이가 맞출 수 있도록 힌트를 조금씩 주는 게 좋다. 책의 제목을 맞추면 간략하게 줄거리를 이야기한다. 맞추지 못한 책은 다시 한번 읽어 보도록 유도한다.

예)

엄마: 'ㅍ' (책 초성을 먼저 말한다.)

아이: 피터팬 (아이가 초성을 듣고 전체 제목을 답한다)

아이가 책의 제목을 맞췄다면 줄거리에 대해 물어보자.

놀이 반대말과, 비슷한말 찾아보기 (3학년 이상부터)

놀이 방법

어휘 노트를 만든 후 매일 5개씩 찾아 써보자.

이 놀이는 새로운 어휘를 자주 접하게 만들어 아이의 표현력을 늘려준다.

비슷한 말 5개 찾기:

반대말 5개 찾기:

이 밖에 어휘를 늘릴 수 있는 놀이

어휘 보물찾기

엄마와 아이가 집에 있는 물건에 단어를 적어 숨기고 보물찾기 하듯이 찾는 놀이다. 어휘를 재미있게 익힐 수 있다.

놀이 위인 마인드맵

놀이 방법

위인에 대해 마인드맵을 짜고 공통점과 차이점을 찾아 보도록 한다. 독후감 쓰기에도 많은 도움이 된다.

<과학자> '갈릴레이' 와 '홍대용' 비교해 보기

공통점:

차이점:

<화가> '김홍도'와 '피카소' 비교해 보기

공통점:

차이점:

<고전> '박씨'와 '심청이', '춘향이' 비교해 보기

공통점:

차이점:

<음악> '베토벤'과 '우륵' 비교해 보기

공통점:

차이점:

<인물> '파브르'와 '시튼' 비교해 보기

공통점:

차이점:

놀이 주인공과 나의 공통점과 차이점 찾아보기

놀이 방법
책을 읽고 난 뒤 주인공과 나의 공통점과 차이점을 찾아 적는다. 위인전을 활용하면 좋다.

예)
「세종대왕」을 읽고 나와의 공통점과 차이점을 찾아보자.

공통점:

차이점:

놀이 말 풍선 달아보기

놀이 방법
말풍선을 그리고 그 안에 주인공이 하고 싶은 말을 적는다.

예)
「잭과 콩나무」를 읽고 주인공이 하고 싶은 말을 적어보기

부모와 아이가 함께하는 독서놀이

발행일	2020년 3월 6일 1판 1쇄
지은이	조수미
펴낸이	오운용
발행처	(주)도서출판 와이비
외부기획	조은위
제 작	백현
디자인	그리드나인
주 소	경기도 의정부시 경의로 70 진한빌딩 A698호
전 화	070-8823-1046
팩 스	031-876-1046
등 록	2013. 12. 19 제 406-2013-000135호

값 13,000원

© 2018, (주)도서출판 와이비
ISBN 979-11-85906-35-5

*잘못된 책은 바꿔드립니다.
*이 책은 저작권법에 따라 보호받는 저작물이므로 무단 전재와 무단 복제를 금합니다.
*이 책의 전부 또는 일부를 사용하려면 반드시 저작권자와 '와이비'의 동의를 받아야 합니다.